マイナンバー時代の身近なコンプライアンス

谷川俊明

経法ビジネス新書
009

序章

コンプライアンスの意味するもの

●コンプライアンスはたんなる「法令遵守」か

多くの企業で「コンプライアンス重視」を経営課題の1つに掲げていますが、コンプライアンスの対象や内容はあいまいです。

コンプライアンスは「従うこと、守ること」を意味しますので、「法令遵守」と訳したりします。ただ、法令を遵守すべきなのは個人か企業かを問わず当たり前のことに過ぎません。

特に企業の場合、法人として、法令に従って法人格を付与され事業を営むことを許されています。法令遵守は企業存続の前提条件と言ってもよいほどです。

そのため、コンプライアンスを「法令等遵守」として、遵守の対象を広げて捉えるようになりました。「等」のところに何が入るかが問題ですが、法令以外の「社会におけるルール」が入ると思えばよいでしょう。

あえて分類すれば、次の3つの点で法令を超えたルールということになります。

①自主性

②倫理性
③グローバル性

1つ目の「自主性」は、例えば業界などの自主規制ルールなどで最も発揮されなくてはなりません。2014年6月には、コーポレートガバナンス改革を主な内容とする会社法改正法が国会で成立し、2015年5月1日から施行になりました。同改正を補う形で、機関投資家、上場企業それぞれの行動指針的ソフトローである、スチュワードシップ・コード（2014年制定、2017年5月改訂）、コーポレートガバナンス・コード（2015年制定、2018年6月改訂）の適用が、その頃から始まっています。2019年12月には、会社法改正法案が国会で可決・成立しました。同改正は、2014年改正をさらに推し進め、社外取締役を義務化するなどしました。

2つ目の「倫理性」は、環境問題などにおいて最も発揮されるべきです。この分野には、法令化された環境保護規制があるのですが、それを守るだけでは対応が十分とはいえません。CSR（企業の社会的責任）の一環として、高い倫理性をもった行動が求められるのです。

最後の「グローバル性」は、日本の国内法令にはまだなっていない国際連合条約やOECD（経済協力開発機構）のガイドラインを遵守することに関連しています。企業の海外進出先現地における贈収賄コンプライアンスは、現地法だけではなくグローバルルールや、英国・米国の法律の域外適用まで意識しなければ成り立たない場合があります。

●企業にとってなぜコンプライアンスが重要課題になったか

なぜ企業にとってコンプライアンスが重要な課題になったのでしょうか。

第一に、法令違反に対する法的制裁が、年々といってよいほど重くなっていることが挙げられます。

2013年の秋、全国各地の有名ホテルでメニューの偽装表示が相次いで発覚し大きな社会問題になりました。食品の偽装表示は、不当景品類及び不当表示防止法（以下「景品表示法」といいます）の違反になりえます。同法は消費者に優良な商品やサービスであると誤認させる「優良誤認表示」を禁止しているからですが、その適用基準はあいまいでした。

一連の偽装事件を受けて、同年12月、消費者庁はガイドライン案を公表し、何が「優良誤認」に当たる表記なのかという定義や具体例を示すことにしました。例えば、「ビーフ」「ビーフステーキ」「霜降りステーキ」といった表記は、「加工していない牛の生肉の切り身を焼いたものにしか使えず、牛脂注入等の加工肉には使えない」などの内容が含まれていました。

消費者庁は、このガイドライン案について広く一般に意見を募集し、2014年3月には正式なガイドライン「メニュー・料理等の食品表示に係る景品表示法上の考え方」としてまとめました。

一方で、政府は消費者庁と消費者委員会において景品表示法の改正作業を進め、改正法は、2014年11月に国会で成立しました。不当な表示を行った事業者に経済的不利益を課す課徴金制度を導入する一方で、自主申告による課徴金の減額、消費者への自主返金の実施による課徴金額の減額が、主な改正内容です。

いわば〝飴と鞭〟の法改正なのですが、この両面からコンプライアンスを徹底しなければ、企業の存亡に関わる事態を招きかねなくなったといってよいでしょう。特に課徴金の減額を受けられるかどうかは、従業員からの内部通報が決め手になります。

第二に、コンプライアンス問題を起こしますと、分野によっては、それに対する大きな社会的制裁が避けられなくなったことがあります。

社会的制裁は、罰金や課徴金といった法的制裁以外の、例えば消費者団体による大規模な不買運動の対象とされるといった内容をもちます。

メニュー表示偽装問題に対応する法改正が、消費者の声や世論の高まりを背景にして行われたように、問題の起こり方によっては社会的制裁のほうが会社経営にとってより大きなダメージになりうるようになりました。経営者は、消費者保護に向けた大きな流れを意識せざるをえません。

●コンプライアンス違反がもたらすリスク

コンプライアンス上の問題を起こしますと、法令上、事実上の大きなリスクが企業や役職員個人を襲いかねないようになりました。このリスクの内容をもう少し詳しく見てみましょう。

コンプライアンスは、法令をはじめとする社会のルールを守ることといってよいのですが、コンプライアンスが徹底せず、明らかな法令違反をしたとしますと、なんらかの法的制裁を覚悟しなくてはなりません。法令によっては、その違反が企業および担当者個人など双方の刑事罰をもたらすこともあります。

コンプライアンス違反は、法的制裁にとどまらず、より大きな社会的制裁をもたらしかねません。社会的ルールの代表格である法令を守らず安全を軽視する企業に対しては、消費者団体が製品の不買運動を展開しブランド価値を大きく毀損する事態が起こることも想定しておかなくてはなりません。

「ルール無視」には、きわめて大きな代償を払わなければならないことは、企業社会に限りません。身近なスポーツの例で考えてみましょう。サッカーの試合で悪質な反則プレーをした選手は、退場の命令を受けるだけでなく、次の試合にも、さらにその先の試合にも一定期間出場できなくなります。そうなりますと、それが主力選手だったら、即、試合の負けにつながります。

より大きな「制裁」は、試合中の選手のプレー以外からも生まれます。観客席でのサポーターの心ない差別的言動がチームの対外試合をできなくもします。また、ある高校の名門野球部で上級生による下級生への暴力行為が明るみに出たことがあります。そのため、同野球部は一定期間対外試合ができなくなったのですが、廃部を噂されるところまで追い込まれました。

こうなるとチーム全体が「退場」を余儀なくされるわけですから、個々の試合の勝ち負けを気にしているどころではありません。同じようなことが企業にも起こりえます。企業の場合は市場からの「退場」や倒産を招く点が違うだけです。

また、企業のほとんどは会社、すなわち法人であり、法令を守ることを前提に法人格を付与され事業を営むことを許されています。いってみれば、企業は存在からして反社会的であることが許されず、社会のルールを守ることが存続の大前提です。

スポーツの世界では、「勝つために味方ゴール前でのペナルティをなくそう」を合い言葉にするのでもよいでしょう。しかし、企業の場合は「コンプライアンス違反のリスクがこわいから、ルールを守ろう」では後ろ向き過ぎます。コンプライアンスは、社会貢献の出発点であり、またゴールでもあるのです。

●法令が自らの遵守を要求するようになったこと

コンプライアンスがたんなる法令遵守だったら、当たり前のことを要求しているに過ぎませんが、ただ、この当たり前のことを法令自身が要求するようになりました。会社法がコンプライアンス体制の整備を柱とする内部統制システムの構築を求めるようになったことなどに象徴されます。

法令が自らを尊重するように法令の中で求めるようになったのですから、一見おかしな印象を与えるのですが、求めているのは「体制」であって、コンプライアンスそのものではありません。

例えば、会社の社長が「法令等」のルールをしっかり守るようにしましょうと、ことあるごとに口を酸っぱくして社員に呼びかけたとしても、当たり前のことを繰り返しているに過ぎず、空しく響くだけに終わりがちです。

コンプライアンス体制の中身で最も重要なのは、従業員一人ひとりに法令等の社会的ルールを知らせるようにし、これを守る意識を醸成するしくみと、従業員が報復をおそれずにコンプライアンス問題について企業に通報できるヘルプライン（相談窓口）などのしくみをつくることです。

こうした内容をもったコンプライアンス体制を、内部統制システムの一環として整備する義務を負うのは、企業などの組織であって社員ではありません。

とはいえ、コンプライアンスは、個々の役員や社員が「法令等」のルールを守らないことには成り立ちません。法令などのルールをつくるのは人間であり、これを守るのも違反するのも人間だからです。

企業が不祥事を起こしますと、まれに組織ぐるみの犯罪が行われたとして、法人として罰金刑を科されることがあります。その場合でも、法人自身が犯罪行為をするのではなく、個人である役員や社員が組織的に法令違反を犯したというに過ぎません。

そこで、企業としてコンプライアンス問題を起こさないようにするには、地道に個々の役職員のコンプライアンス意識を高めていくことが最も有効な方策になります。ただ、ここでも社長がことあるごとに社員のコンプライアンス意識の向上を求めたところで、実際の効果は期待できません。

組織全体で、そのための体制をつくって臨まなければならないのです。体制の中身として最も重要なのは、従業員一人ひとりに法令等の社会的ルールを知らせるようにし、これを守る意識を醸成するしくみだといいましたが、さらにその内容を具体的に考えてみましょう。

コンプライアンスを担うのはあくまで個々人ですから、役職員を集め、「コンプライアンス研修会」などを開催することは有効ですし、多くの企業がこれを行っています。私もよくそうした研修会の講師を依頼されます。

コンプライアンス研修のテーマは、仕事に関連する重要な法令の改正などです。例えば、個人情報の保護に関する法律の改正が行われますと、改正内容の紹介と注意すべき点を解説したりします。

次に多いのが「身近なコンプライアンス問題」です。大きな法改正などがあったわけではないのですが、何気なくうっかり法令に違反してしまいがちな問題は、私たちの身近なところに山ほどあります。また、新たな問題が次々と生まれています。

例えば、飲酒をした後自転車に乗ると道路交通法違反になりますが、これを知っている人は意外に少ないのです。むしろ、自動車を運転して帰るわけにはいかないので自転車で宴会に来ました、という人がいたりするのが実情です。

本書では、一般のビジネスパーソンが知っているようで知らずに、コンプライアンス上の〝盲点〟になりうる身近な法律問題を場面ごとに取り上げ、書中でのコンプライアンス研修会をしてみましょう。

マイナンバー時代の身近なコンプライアンス　●目次

第３章

第5章

第6章　私生活上のプライベートな行動とコンプライアンス

第1章

日常業務とコンプライアンス

●インターネット社会におけるコンプライアンス

現代は身の回りのあらゆるものがデジタル化するとさえいわれています。インターネットを使った電子商取引が会社の業務に増え、私生活においてもソーシャルメディアを使った友人とのコミュニケーションなどが入り込んでいます。

このインターネット社会では、職場での仕事や私生活での過ごし方が大きく変わります。コンプライアンスの視点から最も問題なのが、公私のけじめが薄れることではないかと思っています。ＳＮＳ（Social Networking Service）で職場の愚痴をついこぼしたところ、「炎上」し、会社のレピュテーション（評判）を大きく傷つけるといったことがごく身近で起こるようになりました。

コンプライアンスの中心課題は法令を遵守することですが、法令の中でも刑法違反だけはしないようにと考えている人や会社は多いはずです。

ところが、気をつけないと、知らず知らずのうちに窃盗や横領、文書偽造といった代表的な刑法犯罪になってしまいます。

●出張で貯まったマイルは誰のものか

２００３年10月、高知県議会で県職員の出張で獲得した航空会社のマイルが、県と職員個人のいずれに帰属するかが議論になりました。県の回答は「貯まったマイルは出張者個人のもの」というものでした。ただこの回答は、マイレージサービスの契約はチケット購入者本人と航空会社との間で交わされており、マイルを県に返納させるすべもないからという〝技術的な理由〟にとどまっています。

たしかに国の各省庁でも、貯まったマイルやポイントを国庫に返納するとの規則はないようです。民間企業でも、同様の〝技術的な理由〟からと思われますが、「個人のもの」とするのが大勢です。とはいえ、マイレージで獲得した無料航空券は会社に帰属すると規定に明記した大手商社もありました。ただし、同社は４年後にこの定めを廃止したそうです。

別の大手自動車メーカーの場合、出張回数の多寡によって社員間の不公平を生じさせないために、特典をもらわないように指示しているといいます。それでも事実上の対応は個人任せになっているようです。

理論的には、出張費を支出し運賃を支払っているのは企業ですから、無料航空券を受け取る権利は会社に帰属すると考えるべきでしょう。判断を分けるのはマイルやポイントが「値引き」に相当すると考えるかどうかです。「値引き」と考えるべきだとしますと、「値引き」のない対価分を支出しているわけですから、「値引き」相当分のマイルやポイントは企業に帰属すべきことになるのです。

例えば、会社から業務で貸与されたパソコンを使っていたところマウスが故障してしまったので、個人的に使いやすいものがよいからと家電量販店で気に入ったマウスを立替払いで購入したとします。金額的にも小さいので事前に届け出ることもなく、従来の慣例で領収証を提出すれば会社が立替分を支払ってくれていました。

その際、個人のカードに貯まっていたポイントでマウスの代金全額を支払ったとしても、会社は代金を支払ってくれるでしょうか。ほとんどの店ではポイントを「値引き」と捉えますので、ポイントから支払ったことを示す書面はもらえますが、領収証は発行してくれません。領収証がないと会社は代金を払ってくれず、ポイントを減らして「立替払い」をした分、損をしたことになります。

それに、いくら慣例で少額の立替払いが許されていたとしても、業務で必要な備品の購入はそのつど購買部などを通じて行うべきです。多くの会社でルール化されているはずで、社員にはコンプライアンス面からも、こうしたルールをしっかり遵守することが求められます。

●出張先でもらったプリペイドカードを私的に利用すると横領罪になりうる

「値引き」分扱いがされるのは、マイルやポイントだけではありません。ホテルにチェックインすると千円分ほどのプリペイドカードをもらうことがあります。ホテル内の売店やコンビニエンスストアなどで使えるようなものが多いのですが、これも厳密にいえば「値引き」分に当たりますので、宿泊代金を支払った企業に帰属します。

渡されたプリペイドカードは、仕事に関連して使うために企業から預かっていることになります。これを仕事と関係なく完全に私的に使うならば、業務上横領罪にもなりえます。「業務上自己の占有する他人の物を横領した者は、十年以下の懲役に処する」というのが刑法253条です。

●廃棄物を持ち帰っても窃盗罪になることがある

ある社員が、会社の廃棄物置場に何十台もの古いタブレット端末が捨ててあったので、そのうちの1台を持ち帰って家で使うことにしました。

捨ててあるように見えても廃棄物置場に集められている物は、たとえ鉛筆1本でも会社の資産であり所有物です。会社によって最終処分されるまでは、無断で持ち帰ったりしてはいけません。

ましてこの場合、対象物はタブレット端末で、業務で使う顧客情報や会議資料など重要な秘密情報をメモリで蓄えているかもしれません。

情報流出を防止する立場からパソコンや情報端末などを一般のゴミと同じように廃棄するのは危険です。そこでどうしているかといいますと、これらの機器は一箇所に集められ、数を特定したうえで、情報を完全に削除してから廃棄するよう外部の専門業者に委託します。

このとき、処理の対象となるタブレットが「30台」あるはずが「29台」しかないとなると、それだけで情報流出事故になります。金融機関であれば、取引先の信用情報を収めた情報端末を紛失させたとして、金融庁に事故の届け出をしなくてはなりません。

個人でも、使っていたパソコンや携帯電話を不用意に〝廃棄〟すると、情報が抜き取られるおそれがあります。多くの人が情報の入ったファイルを消去したから安心と考えがちですが、専門家にいわせるとその程度ではデジタルデータは消えないそうです。パソコンや携帯電話を粉々にするか溶鉱炉で溶かさない限り、消去したつもりのデータはハードディスクに残っており復元できるといいます。

●個人情報保護ガイドラインの求める個人データ消去・廃棄ルール

個人情報の保護に関する法律（以下、「個人情報保護法」といいます）の20条は、個人情報取扱事業者に「その取り扱う個人データの漏えい、滅失又はき損の防止その他の」安全管理措置を求めています。

同条の下で、個人情報保護委員会の公表した「個人情報の保護に関する法律についてのガイドライン（通則編）」は、「物理的安全管理措置」のうちの「個人データの削除及び機器、電子媒体等の廃棄」につき、以下のとおり、「個人データが記載された書類等を廃棄する方法の例」を掲げています。

・焼却、溶解、適切なシュレッダー処理等の復元不可能な手段を採用する。

また、「個人データを削除し、又は、個人データが記録された機器、電子媒体等を廃棄する方法の例」としては、以下を掲げています。

・情報システム（パソコン等の危機を含む。）において、個人データを削除する場合容易に復元できない手段を採用する。

・個人データが記録された機器、電子媒体等を廃棄する場合、専用のデータ削除ソフトウェアの利用又は物理的な破壊等の手段を採用する。

さらに、ガイドラインは、「中小規模事業者における手法の例」として、以下を掲げています。

・個人データを削除し、又は、個人データが記録された機器、電子媒体等を廃棄したことを、責任ある立場の者が確認する。

廃棄物置場から情報端末を無断で持ち帰ることは、窃盗になりうるだけでなく、企業によるこうした「措置」をできなくする業務妨害的行為でもあるのです。

●パソコンの持ち込み、持ち出しは禁止される

ネット社会にあって業務に必要なパソコンは企業から貸与を受けて使っていることがほとんどです。そのため、自分の持っているパソコンを会社に持ち込んで使うことは原則できませんし、会社のパソコンを家に持ち帰って使うことは原則禁じられています。

なぜこうした厳しいルールを定めるかといいますと、情報流出をおそれるからです。

パソコンの場合、たんに備品が会社の外に持ち出されたという目に見える資産の流出よりも、情報の流出をおそれます。後者のほうが企業に与えるダメージははるかに大きいからです。

また、社内の情報ネットワークに外部のパソコンをつなぐと、ファイル交換ソフトを通じて情報漏えい事故が起きかねません。このソフトは、自分のコンピュータにあるファイルをネットワーク経由で他者がダウンロードできるようにするものです。

このソフトによって特定のウイルスに感染しますと、いつの間にか保有データがネット上に流出してしまう危険性があります。一度ネット上に流出した情報を削除するのは不可能ですから、ファイル交換ソフトの使用を一律禁止する会社はかなりあります。

たとえパソコンを持ち出さず、データだけを持ち出す場合にもリスクはあります。データを保存したUSB（Universal Serial Bus）を外部に持ち出す場合です。USBを、データ流出対策のとられていない外部のパソコンで使用するときにも情報漏えいに注意が必要です。外部パソコンにウイルス対策が施されているか、ファイル交換ソフトは存在していないかなどは必ずチェックしておかなければとても危険です。

パソコンの借り出しの場合、情報流出に対する法的制裁を抜きにしても、窃盗罪が成立するおそれがあります。

例えば、年賀状を作成するために職場で貸与を受けているパソコンを無断で２日間だけ借り出したとします。たった２日間拝借しただけで窃盗罪になるのかと驚かれるかもしれませんが、使用窃盗になりえます。

使用窃盗とは、たんに一時だけ使用して後日返還するつもりで他人の財物を自分の所持に移すことです。判例は窃盗罪の成立には不法領得《ふほうりょうとく》の意思が必要であり、これを欠く使用窃盗は窃盗罪にならないとしています。不法領得の意思とは、権利者を排除して他人の物を自分の所有物であるかのように利用したり処分したりする意思のことです。

問題は、帰宅後の夜にしか使わないとしても、丸々２日間も会社のパソコンを自宅に保管し自己の占有下に置く行為に、不法領得の意思がないといえるかどうかです。

よく刑法の教科書に取り上げられる例は、自転車の長時間無断使用です。長時間所有者の自転車に乗る機会を奪い価値を消費するのは、やはり不法領得の意思があるとするのが最高裁判所の判例です（最高裁決定昭和55年10月30日）。

ただ、何時間使用すれば「長時間」になるかはあいまいです。対象物の利用価値にもよるでしょう。パソコンは、自転車よりはずっと短時間で高い利用価値を得られそうですし、所有者がいざ使いたいときに使えない状態が2日間も続くのは「長時間」に当たるといえそうです。

加えて、2日間の持ち出し期間内にウイルスに感染したりして価値が大きく毀損されるかもしれないリスクについても考慮されるべきでしょう。使用窃盗として窃盗罪に当たりうるとしかいいようがないのです。

●ネット取引の普及とトラブル増加

2015年5月24日、日本PTA全国協議会の調査で中学2年生の4割がインターネットを使った取引をしていることがわかりました。うち半数は保護者に相談はしておらず、お金の使い過ぎやネット上のトラブルも目立つため、同協議会では「家庭でルール作りを」と呼びかけているといいます。

同協議会の環境対策委員長によると「ネット利用が広がり、親子のコミュニケーションが希薄になったことがトラブル増加の原因」と指摘しているそうです（２０１５年５月25日　日本経済新聞）。

これだけＢ to Ｃ（企業対消費者）のネット取引が一般社会に普及しているなか、ビジネス社会における企業間（Ｂ to Ｂ）の取引・契約では、それ以上に電子商取引が広く行われるようになりました。そこで、企業内のコミュニケーションの希薄が生じ、組織内での相互牽制が効かなくなって思わぬところで犯罪行為を行ってしまうことにもなりかねません。

ネット社会では、従来は想定していなかったトラブルが発生しがちです。それを防止するには法令を超えた「ルール」を設定し、それを利用者が守るようにするのが最も有効と考えられます。

経済産業省では、２００２年から「電子商取引及び情報財取引等に関する準則」を発表し、そのつど必要な改訂を加えてきました。これはネット社会における半ば公的なルールといえます。そこに示されている事例から身近で陥りやすい刑法違反行為を取り上げてみましょう。

●文書偽造・変造、なりすまし

電子商取引に関する同準則が「I　電子商取引に関する論点」のなかで最初に取り上げているのが、いわゆる「なりすまし」問題です。「なりすまし」は、本人になりすまして商品を買い入れたりすることですから、通常の取引においても行われる可能性があります。ただ、電子的方式で契約がなされる場合、パスワードや特定のＩＤを使うことでより簡単に本人になりすますことができます。

インターネット通販でなりすましが問題になるのは、クレジットカードで決済するような場面においてです。暗証番号とともにクレジットカード情報を盗み出し、カードの所持人になりすまして高額な装飾品を購入するとします。暗証番号とカードおよびカード情報の管理・保管が適切に行われていたか、すなわちこれに関し過失がなかったかどうかによって、本人に支払義務が生じるか否かが決まりますが、なりすましによって商品を入手される被害は発生してしまいます。

例えば会社の資材調達部員が、部長名の発注として、あらかじめ決められた金額の限度内において資材の調達に必要な発注行為を繰り返してきたとします。こうした継続的取引を電子商取引で行う場合、部長であることの確認方法として、パスワードなどをあらかじめ教えておくケースが多いでしょう。

この場合、部員がパスワードを知ったうえで「発注書」をでっちあげ、社内的に決められた権限枠を超えて資材を購入したとします。権限を超えたとしても、それだけで直ちに発注行為が無効になるわけではありません。代理権限があるかのような外見を信じた人を保護する表見代理が成立し、会社には有効な資材調達契約の下で代金支払義務が生じることでしょう。

ただそれでも、刑法上の私文書偽造罪（刑法１５９条）が、社内におけるこの「なりすまし」行為には成立する可能性があるので注意が必要です。同犯罪は、不真正なものを真正なものとして使用する「行使」の目的で他人名義の権利・義務または事実証明に関する私文書を偽造または変造することで成立します。

偽造は作成名義を偽って新たな文書をつくり出すことです。これに対し、変造は既存の真正な文書などの非本質的な部分に権限なく変更を加えることです。

企業における古典的な文書偽造の例は、偽の部長印を勝手につくって発注書を作成する行為です。いまはそんな〝手の込んだ〟ことをする必要はありません。いとも簡単に本人になりすませてしまう、こわい時代になりました。

第2章

職場内でのコミュニケーションとパワハラ

●デジタル社会、ネットワーク社会の人間関係

デジタル社会、ネットワーク社会が進展すると家庭内や職場内、友人などとのコミュニケーションのとり方、さらには人間関係が従来とはかなり変わります。どう変わるかといいますと、何となくドライになったという人もいれば、ぎくしゃくするという人もいます。

２０１５年４月、大学の入学式における式辞で学長が「スマホやめますか、それとも○大生やめますか」と述べて話題になりました。

スマートフォンがきわめて便利な通信手段であることは間違いありません。ただ、通学や通勤の電車内、さらには歩きながらでさえもスマートフォンから眼を離せない人を見ますと「変化」を実感させられます。もっとも、ゲームに夢中になっているだけの人もかなりいるようですが…。

電子メールのやりとりで行うコミュニケーションは、インフォーマルな日常的会話に向いています。友人同士のおしゃべり感覚で気軽に使える点が、子どもにまで電子メー

ルが広がった理由だと思います。

半面、電子メールはビジネスなど公式的なコミュニケーションには〝くだけ過ぎ〟になる欠点があります。電子メールによるコミュニケーションになじみ過ぎますと、正式な手紙や文書が書けなくなるおそれがあります。

おしゃべり感覚の電子メールに染まり過ぎますと、口頭でのやり取りもおかしくなります。上司との会話でため口を使ったり、敬語の使い方がまったくダメという若者が増えています。

上司は上司で、ひどく乱暴な言い方で部下に接し、傷つけてしまう人が増えています。そうした言動が原因のパワハラやモラハラ事案の増加が懸念されます。

●職場の人間関係とトラブル

このところ、職場の人間関係で悩む人が増えています。通常、ビジネスパーソンは、職場の上司、同僚、部下などに囲まれて仕事をしています。そうした人たちとの円滑なコミュニケーションは仕事をするうえで欠かせませんが、これがうまくいかずに悩んだあげく、うつ病になり自殺に追い込まれるという例もまれにあります。

　そうした最悪の事態の発生を、会社としては何としても避けなくてはなりませんが、多くの場合、その原因となっているのが上司のパワハラです。

　パワハラはパワーハラスメントの略で、セクハラ（セクシュアル・ハラスメント）やモラハラ（モラルハラスメント。言葉や態度などによって働く人の人格や尊厳を傷つけ、職場を辞めざるをえなくしたりすること）とともに職場でよく耳にする日本語となりました。ただ、パワハラは、セクハラとは異なり、２０１９年の立法時まで法律上の定義がありませんでした。そのためもあって、具体的にどのような行為がパワハラに当たるのかは、きわめて曖昧といわざるをえませんでした。

　このくらいは当然許されるだろうと思い放った部下を叱責する言葉が「最悪の結果」を招き、会社とともに裁判の共同被告となって損害賠償請求を受けることもありうるのです。まずは、パワハラとは何か、どのような場合にパワハラに対する責任が生じるのかを考えてみます。

●パワハラとは何か

パワハラは、文字通り、パワーすなわち人事上などの権限をもった上司によって典型的には行われます。しかし後で述べるように同僚や部下によるパワハラもありうるので、上から下に向かっての加害行為と狭く考えないほうがよいでしょう。

ハラスメントは、「嫌がらせ、悩ますこと」を意味しますので、パワハラをひと言でいえば「地位や職務上の権限を乱用したいじめ」となるでしょう。

これだけですと、具体的な場面で法的責任をもたらすパワハラかどうかを判断する基準にはとてもなりそうにありません。この点、２０１９年5月29日に改正された「労働施策の総合的な推進並びに労働者の雇用の安定及び職業生活の充実等に関する法律」（通称「パワハラ防止法」）は、パワハラを次のように定義しています。

「職場において行われる優越的な関係を背景とした言動であって、業務上必要かつ相当な範囲を超えたものによりその雇用する労働者の就業環境を害する行為」

また、厚生労働省の「職場のいじめ・嫌がらせ問題に関する円卓会議ワーキング・グループ」が平成24年1月30日に発表した報告書（「WG報告書」）は、パワハラの定義に関して以下の6つの類型を列挙しています。

①暴行・傷害（身体的な攻撃）
②脅迫・名誉毀損・侮辱・ひどい暴言（精神的な攻撃）
③隔離・仲間外し・無視（人間関係からの切り離し）
④業務上明らかに不要なことや遂行不可能なことの強制、仕事の妨害（過大な要求）
⑤業務上の合理性なく、能力や経験とかけ離れた程度の低い仕事を命じることや仕事を与えないこと（過小な要求）
⑥私的なことに過度に立ち入ること（個の侵害）

●同僚や部下からのパワハラとモラハラとの違い

定義で重要なことは、「職場において行われる優越的な関係」という言葉を使い「職務上の地位」に限っていない点です。そのため、パワハラは、職制上の上司から部下に対して行われるだけでなく、同僚により、あるいは部下から上司に対して行われるパワハラすらありうるのです。

さらに注意すべき点は、パワハラのこうした定義に当てはまる場合以外でも、会社や加害者などが被害者に対して損害賠償責任を負わなくてはならない場合があることです。

パワハラ防止法での定義には、新しく配属になった課長を、勤続年数が長く仕事の内容も熟知している課員がそろって無視し、報告もきちんとしないといった場合も含みます。ただし、パワハラの本来の意味は、パワー（権限）をもった人のいわば権限乱用行為ですから、部下や同僚によるこうした〝いじめ〟は、モラハラ（モラルハラスメント）と称して、パワハラと区別することもあります。

●裁判例に見るパワハラ６類型

パワハラが企業内で行われますと、加害者（例えば課長）が個人として不法行為による損害賠償責任を負うことになるだけでは済みません。企業も課長の雇い主としての使用者責任（民法715条）を追及されることがあります。

企業の責任は、職場における「安全配慮義務」が根拠になることもあります。

WG報告書の掲げる6つの行為類型ごとに、裁判例からパワハラの具体的事案を見てみましょう。

第一の「身体的な攻撃」として裁判になった例には、タバコの火を顔に押しつけた、頭突きをしたといった、暴行・傷害罪になりかねない事案があります。

第二の「精神的な攻撃」の裁判例には、「存在が目障りだ。居るだけでみんなが迷惑している」「おまえは会社を食いものにしている、給料泥棒」と述べた事案や、「うつ病みたいな辛気くさいやつはいらん。お前はクビだ」と30分以上罵倒した事案があります。

第三の「人間関係からの切り離し」の裁判例には、なんら仕事を与えないまま4年半にわたり別室に隔離した、7年近くにわたって自宅研修をさせた、無期限の自宅待機命令を発令したなどの事案があります。

第四の「過大な要求」の裁判例には、軽微なミスについて執拗に反省書の提出を求めた、ノルマを前年度の177・2%ときわめて高く設定し、同僚よりも好成績を残したにもかかわらず、ノルマ未達成を理由に厳しく叱責したなどの事案があります。

第五の「過小な要求」の裁判例には、それまでやったことのないガラス拭き、床磨きなどの雑務を行わせた、遺失物係に配属して仕事を与えなかった、1人で行う統計作業に職務を変更させたなどの事案があります。

第六の「個の侵害」の裁判例には、貸主から依頼を受け、賃借人である部下に対し、建物明渡しを執拗に迫った、髪やひげなどの身だしなみを理由とした業務外しや諭旨解《ゆしかい》雇《こ》といった事案があります。

●厚生労働省による「指針」の策定

パワハラは、これに該当するかどうかの線引きがいぜんとして難しいといわざるをえません。そこで厚生労働省は、厚労相の諮問機関である労働政策審議会の審議で、パワハラを防止するために企業に求める指針の案を示し、2019年11月21日から12月20日にかけての「パブリックコメント」を経て、同年12月23日、同審議会の正式決定に至りました。２０２０年6月1日から適用開始予定です。

●企業によるパワハラ予防策その1・トップの意識改革

企業は雇い主として従業員に対し安全配慮義務を負います。パワハラは職場で行われ、被害者となった従業員のメンタルヘルス不調を引き起こし、最悪の場合、自殺に追い込んでしまうことが少なくありません。

パワハラが起こりますと、企業は損害賠償責任を負わされるだけでなく、被害者の病気療養や長期欠勤などによるダメージを被ります。それ以上に、裁判を通じて広くパワハラの事実が社会に知られるところとなり、レピュテーションを落としてしまい、〝ブラック企業〟というレッテルを貼られることすらあります。

企業としては、リスク管理の観点からいってもパワハラ問題が起こらないよう防止する体制を構築すべきです。ただし、パワハラを防止するのは口でいうほど簡単ではありません。企業の経営陣のなかには、昔ながらの感覚で「私の入社当時の30年前は、上司に毎日のように怒鳴られていたので、なぜそれが法律上問題になるのか理解できない」という役員が少なくないからです。

特に男女雇用機会均等法の制定・施行（１９８５年）以来、労働法分野の法令は大きく変わり、従業員や若者の意識も変化しています。パワハラを防止するには、役員自らの意識改革が最も求められています。

そこで、組織のトップが、このことをよく理解したうえで、社内報のなか、あるいは社内行事や役員会の席上、挨拶のなかで、折に触れて「パワハラ行為はしないように」と述べるのは有効です。

●企業によるパワハラ予防策その２・相談窓口の設置

私の法律事務所では、複数企業（グループ）の外部ヘルプライン窓口業務を受託しています。もう10年以上窓口を開設している企業（グループ）もあるのですが、このところ目立って増えているのがパワハラの通報件数です。

ヘルプラインは、名称の通り、救助（ヘルプ）を求める命綱になりうるものです。何を大げさな、と思われるかもしれませんが、パワハラの被害者は精神的に追い詰められていることが多く、意を決してヘルプラインに通報したことでぎりぎりの状態から〝救われる〟ケースがあるのは事実です。

法律事務所などの通報窓口は、社内の通報窓口と並設する例がほとんどです。なぜ別に設けた社外窓口にパワハラの通報が特に多いのかを考えてみましょう。

理由は簡単です。上司を〝告発〟するのは誰でもこわいからです。パワハラの加害者のほとんどは人事権などの権限（パワー）をもった上司です。社内窓口に電話で通報するとしますと、匿名で通報しても、誰からなのか担当者にはわかってしまうおそれがあります。通報者は人事面の報復を極端に警戒しますから、特にパワハラの被害者は外部窓口への通報を選びがちです。

宣伝するわけではありませんが、弁護士は〝口が堅い〟職業ですから、安心して秘密の内容も打ち明けて相談することができます。弁護士が「正当な理由がないのに、その業務上取り扱ったことについて知り得た人の秘密を漏らしたとき」は、秘密漏示《ろうじ》罪（刑法１３４条１項）で罰せられます。

「○×部長のパワハラで何人もの部員が被害を受けています。部長を懲戒処分としてほしくて通報しました。ただし、通報者の氏名は会社に伝えないでください」と言われれば、氏名を会社に伝えることは、弁護士だったらまずしません。

なお、社内、社外を問わずヘルプライン窓口を設置したときは、広くパート社員を含む従業員や派遣社員にも、通報先や通報方法をアナウンスしなければなりません。外部委託先の社員からの通報も受け付けるのであれば、そうした人たちにも向けて通報窓口が開かれていることを周知させておかないと制度をつくった意味がなくなります。

このところ、グループ会社どころか取引先の社員まで通報ができるようにする企業が増えています。

●匿名の通報を許すか

窓口設置のアナウンスを社員に向けて行うに当たり、「通報は必ず所属、氏名を告げてください」と断わる例が見られます。これは匿名で誹謗・中傷などを内容とする無責任な通報をブロックすることがねらいです。

たしかに匿名の通報には無責任な内容が多いことは、外部通報窓口の担当を続けてきた経験からもわかりますが、一方で深刻なパワハラやセクハラのケースほど通報者が名前を明かしたがらない傾向があるのも事実です。

実際に窓口の担当者は、例えば「部長のパワハラに皆長いこと苦しめられてきました」という通報を受けると、すぐに「所属部署とお名前を」と確認します。すると多くの場合「名前は言えません」となります。担当者が「このヘルプラインでは匿名通報は受け付けられません」と告げると、「どうしても名前は言えません。ではこれで…」と電話を切ってしまったりします。

特に通報者の最後の言葉が、いかにも沈んだ声で落胆した様子がありありとわかるほどであったりしますと、担当者は電話を切った後、心穏やかではいられません。いくら制度がそうなっているとはいえ、これでよかったのかと感じざるをえないところです。

　ですから、ヘルプライン設置のアナウンスをするときは、「匿名通報は受け付けられません」と制限しないほうがよいでしょう。パワハラの通報が寄せられることの多い外部通報窓口を設置する際は、同窓口限りは実名で、企業に対しては匿名で通報ができる、というように、いわば二段階方式が有効だと思います。

　というのは、ほとんどのパワハラの通報者は、企業による対応、是正策のフィードバックを希望しますので、フィードバック先を特定する情報が必要になるからです。また、匿名希望の通報者が最もおそれるのは、所属と氏名が明らかになることによる人事面での報復ですから、とにかく氏名などの情報が外部でとどまり、企業に伝わらないことが保障されればそれでよしとするのです。

　誹謗・中傷を含む通報は、場合によって名誉毀損などの犯罪行為にもなりうるので、コンプライアンス上も行ってはならないものです。匿名の通報を許せば、悪いこととは知りながら無責任な通報が増えることは避けられません。

しかし、だからといって匿名通報を一切認めないとするならば、最も知っておきたい深刻な内容の通報が企業に届かなくなるおそれがあります。

ここは〝割り切る〟べきではないでしょうか。悪いこととは知りながらコンプライアンス違反の無責任な通報が従業者から相次ぐこと自体、企業にとってはリスクです。それがヘルプラインを通じて明らかになることは、ヘルプラインを設置したことのメリットだと受け止めたほうがよいでしょう。

また、誹謗・中傷とはいえ、特定の人物にそうした通報が複数集中するとしたら、その人物の側にも何か問題があると考えたほうがよさそうです。

しかも、たとえ匿名通報を受け付けないようにしたとしても、通報者には会社のヘルプライン以外にも匿名で通報できる手段がいくらでもあります。いきなり社外に匿名通報され、ネット上でコンプライアンス問題が取りざたされ、マスコミに大きく取り上げられることになれば、企業として最も避けたいレピュテーションリスクにさらされかねません。

●ヘルプラインとコンプライアンス・ホットラインの違い

いまは「ヘルプライン」と呼ぶ会社が多いのですが、内部統制システムの一環として内部通報制度を設置しはじめた当初は、「コンプライアンス・ホットライン」と呼ぶほうが多かったようです。

なぜ「ヘルプライン」という呼び方が多くなったのかというと、コンプライアンスという言葉が付きますと、コンプライアンス問題を通報するための窓口ととられ、通報対象が狭くなるおそれがあるからです。

企業は、リスク管理の視点からも、広く倫理的に問題があるケースを含め、狭義のコンプライアンスの枠を超えた通報を願います。ところが、まさに本書のテーマにも関わるのですが、何がコンプライアンス問題になるかは、法律の専門家にも判断がつきかねることが多いのが実情です。社員が仕事をする中で気づかずにコンプライアンス問題を起こしてしまうケースは山ほどあります。

通報者が、いま抱えている問題がコンプライアンス問題として通報の対象になるかどうかを迷ったあげくに、コンプライアンス・ホットラインへの通報をあきらめる事態は好ましくありません。そこで名称の面からもコンプライアンス問題に対象を限定することなく、ヘルプラインと呼ぶことが多くなったのだと思います。

ただ、厳密にいうとヘルプラインの「ヘルプ」は、被害からの「救出、援助」を意味しますので、本来ヘルプラインは被害者のためのものです。いま企業がヘルプラインに期待するのは、社員間の相互牽制機能です。

深刻かつ規模の大きい法令違反事例、例えば談合などであれば、会社内の1人の担当者しか関与せず、他の社員はまったく気づいていなかった、などということはまれです。「このような重大な法令違反行為が社内で行われていることを察知したので、通報します」といった同僚からの匿名通報が、不祥事の予防・拡大防止のためにもあってほしいのです。

●ネット時代における「職場」

インターネットで買い物をするネットショッピングが普及しています。バーチャルショッピングともいわれるように、実際に商品を手にし、試着をしてから買うのとは違い、画面上の情報だけで取引を行います。

企業間でのＢ to Ｂ取引もインターネットを利用する機会が多くなっています。加えて個人の生活にもサイバー空間での取引が増えてきますと、人は現物を見ないで取引をすることに馴れ、バーチャルな仮想空間で行動するようになる、あるいは行動したような気になってしまいます。

仕事を行う「職場」の捉え方も従来とは異なってきました。一部の社員には専用の机を決めることなく、共用の大きなテーブルのどこにでもパソコンを持って移動して仕事ができるようにしている企業もあります。

また、ＳＯＨＯ（Small Office, Home Office）を組み込んだ勤務形態をとる会社も増えてきました。ＳＯＨＯは、もともとはパソコンネットワークを利用して自宅などで仕事をする小規模事業者のことですが、例えば出産後に自宅で子育てをしながら、合間を見てパソコンに向かうといった非正規雇用にこの形態を使うこともできます。

このようにネット時代に特徴的な勤務形態が増えてきますと、「職場」の意味が変わるだけでなく、それに伴うリスクも増大します。最大のリスクが、後でも取り上げますが、「情報のネット流出リスク」です。

「職場」外でデータ処理などが行われること自体、データが事業所の外に流出していることを意味しますので、これがインターネットを通じてさらに拡散するリスクをもたらしうるのです。

●「職場」が消えていく

2015年に入り、大手流通業で大量閉店が相次ぐようになりました。家電量販店最大手の場合、全国で約50の不採算店を閉めると発表しました。

背景には、インターネットの普及、特に店舗をもたないネット通販会社による安値攻勢が大きく影響しています。ネット通販会社が比較的安く商品を売れるのは、店舗をもたないからです。その分、人件費や賃料・家賃などの経費を削減できます。

バーチャルショッピングの強みにも弱みにもなるのが、商品を実際に見て手で触って品質を確かめて買うわけではない点です。画面で見て想像していたものと色合いが微妙に違っていたといったトラブルが絶えないのは、弱点の顕れというべきです。

ただ、この弱点を補うためか、大型店舗に足を運んで商品を選び、場合によっては店員の説明を聞いたりして、その場でスマートフォンなどで安く購入するという人も増えてきました。

これをされたのでは店側はたまりません。そこで店舗販売のかたわらネット販売部門を強化して対応しようとしはじめています。

●職場の宴席は「職場」の延長か

職場では歓送迎会や忘年会といった飲食を伴った宴席がよく開かれます。所属する部や課のほとんど全員が出席するこうした会合は、職場の人間関係を円滑にするためにも、きわめて有意義なものです。

では、職場の忘年会に出席するのは仕事でしょうか。出席者がある部内の部長以下、部内の人だけに限定されるのであれば、たとえ飲食と雑談が中心であったとしても職務との関連性は濃いといえます。そのため、席上酔った勢いで上司に向かって暴言を吐いたりすれば、会社による懲戒処分の対象になってもおかしくありません。

裁判例のなかには、次のような事案があります。

ある土地改良区事務局の総務部長が、酒席において上司の理事らに向かって「あんたは世間からどうにもならんやつだといわれている」などと発言したため降格処分になりました。

そこで総務部長は同処分の取消を求めて裁判を起こしたのですが、札幌地方裁判所は職務執行との関連性が薄い場での発言であるとして降格処分を取り消しました。

控訴がなされ、札幌高等裁判所は、総務部長としての適格性を欠き職場秩序を乱す言動と判断し、一転して降格処分を有効と認める判決を下しました。宴会費用を事務所が出していることや、参加者が理事や職員に限られているので、職務執行との関連性がないとはいえないという点も理由になっています。

地裁と高裁で判断が分かれたところを見ても微妙なケースだったと思います。懲戒処分が有効になるためには、就業規則の懲戒規定に該当する懲戒事由が存在することなどの要件を満たさなくてはなりませんが、原則として勤務時間中の行為や職場における仕事が対象です。

とはいえ、ソーシャルメディアが普及するなか、職場の「内」と「外」の境界はますますあいまいになっています。例えば、自宅のパソコンからＳＮＳで上司の悪口を書き続けたところ「炎上」してしまい、企業のレピュテーションが大きく傷ついたとしますと、懲戒処分になってもおかしくないでしょう。

●花見の参加を断れるか

春、桜の季節になると花見を恒例にしている企業は多くあります。なかには、その部やグループに配属になった新入社員が朝早くから花見の席取りをするのが伝統になっている企業もあるようです。

よく新聞の法律相談欄には「会社恒例のお花見に上司は『全員参加だ』といいますが、断れますか」との相談が掲載されます。

花見の会といっても、花を見るだけではないのが普通です。花を愛でながら飲んだり食べたりするので、いわゆる飲み会の特別バージョンです。そうなると、飲み会への出席が仕事かという議論と同じと考えられそうですが、花見には花見の特殊性があり、同一には論じられません。

何が特殊かといいますと、花見は夕方から勤務時間内に時間を決めて行われる場合があること、飲食の費用は酒代を入れても数万円で済むことも多く、企業の負担になることもよくある点などにおいてです。

こうした「要件」を満たさない花見の席は、仕事とは見られませんので、出席するしないは各社員の自由でなくてはなりません。席取りや出席を上司が職務命令的に強制すればパワハラにもなりえます。

●公務員を接待すると贈賄になる

とかく接待というと仕事か仕事外のことか、区別がつけにくい傾向があります。特に公務員を接待しますと、贈賄罪（刑法198条）になるおそれが生じます。

現金や貴金属などを渡すのではなく、食事をご馳走して接待するだけで賄賂になるでしょうか。

答えはYESです。というのも明治時代からある古い判例（大審院判決明治43年12月19日）が、「賄賂の目的物は、有形無形を問わず、人の需要・欲望を満たすに足りる一切の利益を含む」としているからです。無形でもよいわけですから、接待ゴルフに招待するのも立派な賄賂になります。

その公務員がたまたま学生時代の友人で、企業の行っている事業の許認可権限をもっていたとしたらどうでしょうか。久しぶりに食事でもしながら旧交を温めるのはよくあることで特に問題になりません。

ただし、その場合は友人同士の対等な付き合いのはずですから、費用は割り勘にすべきです。接待の形をとって企業が費用を支出することはよくありません。学生時代の友人であるのをよいことに、許認可で便宜をはかってもらおうとの〝下心〟があれば、贈収賄になることは避けられそうにありません。

割り勘だったらすべてよいかというと、そうとも言い切れません。食事をしたのが何か月も先まで予約で埋まっている超人気レストランに、会社が日頃から接待で使っているので、直前でも予約が取れたとします。しかも食事代は通常よりは割引になるといった特別サービスがありますと、その分が賄賂に当たるおそれがあります。

とにかく、公務員を接待するのは、誰かが見ていて疑うかもしれませんので、止めるべきでしょう。

●公務員でなければ大丈夫か

相手が公務員でなければ接待をしても贈賄罪にならないかというと、そうではありません。「みなし公務員」がいるからです。公務員は、国や地方公共団体に雇用されている人、あるいは国・地方議会の議員などをいいますが、他にも日本銀行や国立大学法人の職員などは特別法の下で公務員とみなされ、贈賄罪になりえます。

みなし公務員の範囲は広く、また種類も多いので、コンプライアンス・マニュアルに一覧表を載せて注意を喚起している会社も少なくありません。みなし公務員に当たるのを、うっかり見落としていたというミスをなくすことが必要です。

みなし公務員のすべてを注意する必要はなく、あくまで会社の業務との関連で問題になりそうなみなし公務員をリストの中からピックアップし、重点的にマークするのがよいでしょう。

●外国公務員に対する贈賄

日本以外の国や地域にもそれぞれ公務員がいるのですが、日本企業がますますグローバルに事業を展開するようになり、進出先の現地などで外国公務員と接触する機会が増えています。なかには贈収賄についての法規制が甘く、賄賂がほとんど野放し状態で使われるアジアやアフリカの新興国もあるようです。

そうした国や地域では、賄賂抜きではまともなビジネスはできないと、まことしやかにいう現地コンサルタントもいます。これを真に受け、そのコンサルタントの要求する通り、まとまった額の報酬を支払ったところ、その一部が公務員に当たり前のように渡っていた、というケースもあります。

最も問題なのは、新興国においては、誰が「公務員」で、どういった権限をもっているかがあいまいになりがちな点です。特に、中国やベトナムのような社会主義国には、かつて日本にもあった「公社」や「公団」的企業が数多く存在します。加えて、性格があいまいな国有企業があって、これら企業の職員が「公務員」や「みなし公務員」に当たるかどうかは、さらにあいまいです。

やっかいなことに、例えば中国における商業賄賂規制は「民・民」でも適用がありま す。民間企業が他の民間企業の、例えば購買担当者に自社製品を購入してほしいので接待する、といった場合も規制の対象にしています。

これらのことを考え合わせますと、とりわけ海外で、仕事上の便宜をはかってもらおうと、職務権限をもった担当者に贈り物をしたり、担当者を接待したりするのは控えたほうがよいでしょう。

●相手が公務員でないからといって、安心してはならない

日本では公務員、みなし公務員などを対象にして贈賄罪が適用されますので、個人的で日常的なつき合いを超えて仕事のうえでつき合いをするときは相手をよく見ないといけません。ただ相手が公務員でないからといって、法令を超えたルールも守るというコンプライアンスの視点からは、油断は禁物です。

企業が大学と手を組み産学連携の共同研究開発に従事する機会が多くなっています。この場合、手を組む相手が私立大学であっても贈収賄問題を引き起こしかねないので、注意が必要です。

もっとも、かつての国立大学でもいまは国立大学法人となり、その教職員が国家公務員であるわけではありませんが、法令上公務員に準じて扱われることになっています。

一方、たとえ私立大学の教授であっても、国や自治体の審議会・委員会の委員を務めていたりすると、その関係ではやはり贈収賄になることがあります。

しかも、大学は高い公共性をもつ教育機関であることに変わりはありません。そのため、私立大学でも教職員自ら、またその属する組織の「私的利益」のために地位などを利用してはならないとする倫理規定を定めるところが増えています。

企業の側でも、法令の要求レベルを超えた贈答・接待ルールを定めておくのがよいでしょう。特に大学と産学連携の共同研究プロジェクトを行うに際しては、従事する者の権限や利益配分、研究成果物（知的財産権など）の扱いなどに関し、定められたルールを守って行動すべきです。

●製薬会社の営業職員（ＭＲ）の医師接待ルール

製薬会社には、薬の効能や副作用の情報などを医師に伝えるＭＲ（メディカル・リプレゼンタティブ）と呼ばれる営業職員がいます。

かつて、自社の新薬を処方してもらうため、夜は高級料亭でもてなし、休日はゴルフに連れて行くといった過剰接待が問題視されたことがあります。

２００１年、大阪府の公立病院長が薬を採用する見返りに製薬会社10社からゴルフ接待を受けるなど、約３００万円の賄賂を受け取ったとして有罪判決を受けました。

製薬会社約２２０社でつくる「医療用医薬品製造販売業公正取引協議会」は、２０１２年４月、ＭＲと医師の会食に「１人５千円まで」、自社の薬の説明会で出す茶菓や弁当代は「１人当たり３千円まで」などと細かく上限を設け、ゴルフ接待は禁止することにしました。

ただ、ＭＲとしては医師と会う機会をつくって有用な情報を伝えなければなりません。そこで登場したのがネットを利用した接点づくりです。ウェブ上で登録した医師がサイトを訪れると、製薬会社ごとに新薬を説明する動画を再生できる無料サービスを提供するベンチャー企業もすでにあります。

●通勤途上の事故は労災の対象になるか

企業は従業員の労働災害（以下、「労災」といいます）を防止すべき義務を負っています。もし「業務上」事故が生じ、従業員がけがを負ったり病気にかかるなどした場合には、労働基準法8章以下の定めに従って労災補償をしなくてはなりません。労災の補償責任は企業側に過失がなくても生じる無過失責任ですが、業務に起因し（業務起因性）、かつ業務過程で生じたもの（業務遂行性）でなければ労働災害と認められません。

では、通勤途上で交通事故に遭った場合などはどうでしょうか。通勤途上ですから業務中ではありませんし、本来の労災には当たりません。ただ、労働者災害補償保険法（以下、「労災保険法」といいます）による補償がなされることになっています。

労災保険法の適用にも「要件」があります。つまり、就業に関し住居と就業場所との間の合理的な経路および方法により往復する場合であって、通勤に通常伴う危険が具体化した場合でなくてはいけません。地震、津波などの不可抗力による場合は原則として除外されます。また経路に中断または逸脱が生じた場合も対象外とされます。

従業員は、手当の関係から通勤の「経路や方法」を会社に届け出ているはずです。例えば、「○○駅から△△駅まで電車で」と届けていたにもかかわらず、無断で自転車通勤していて事故に遭った場合は、労災保険の対象にならないと考えなくてはなりません。

特に会社が、危険なので自転車通勤はしないようにと呼びかけていた場合などは、別の問題も生じかねません。会社からはちゃっかり通勤手当として電車の定期代相当額をもらっておいて、定期券は購入せずに自転車で通勤していたとなりますと、立派な詐欺罪になりますから注意してください。

それは論外としても、自転車、バイクによる通勤は、禁じている会社があります。一方、自転車の場合は環境にも健康にもよいからと、逆に推奨している会社もあります。職場周辺の交通事情や駐輪場など、会社ごとの事情を勘案した合理的なルールになっているはずですので、それらを守ったうえではじめて「労災」になりうる点が重要です。

・大手電機新入社員のパワハラ自殺

２０１９年８月、大手電機メーカーの男性新入社員が自殺をしました。自殺した当時、男性は社内向け発表会に向けて準備を進めていたましが、発表会の指導を担当した上司に度重なる暴言を受けていたことから警察がこの上司を自殺教唆容疑で書類送検しました。

この電機メーカーでは、過去にも過労自殺や精神疾患による労災認定が相次いでいたそうです。

第3章

情報流出リスクとコンプライアンス

●3500万人余りの顧客情報流出事故

2014年7月、通信教育事業を営むBホールディングスおよびその子会社（以下、まとめて「B社」とします）から、大量の顧客情報が流出した事実が明るみに出ました。発覚当初、流出件数は最大2070万件と報道されたのですが、B社による同年9月10日の記者会見では、3504万人分が流出したと発表されました。流出した顧客情報は通信教育サービスのためのものであり、子どもや保護者の氏名、住所、電話番号、性別、生年月日などの個人情報が含まれていました。

B社は、同年9月17日、経済産業大臣に最終報告書を提出しました。それによりますと、同社は顧客情報のデータベースの管理をグループ会社のS社に委託し、S社は同業務をさらに複数の外部業者に再委託したところ、再委託先の派遣社員がデータベースから顧客情報を持ち出したとのことでした。

この情報流出事故は、主に2つの法律の下で問題とされることになりました。1つが不正競争防止法であり、他の1つが個人情報保護法です。順番に説明しましょう。

情報流出が発覚した直後の２０１４年７月17日、警察は、顧客情報を持ち出して名簿業者に販売した派遣社員を、不正競争防止法21条１項１号の規定する営業秘密の不正取得罪の容疑で逮捕しました。

不正競争防止法の下では、Ｂ社は事業に必要な顧客情報を不正に取得された被害者になります。同社は、大量の個人顧客情報を使ってＤＭ（ダイレクトメール）を発送するなどにより、通信教育講座の会員を増やしてきました。

顧客情報が「営業秘密」に該当すると判断されたわけですが、同法の下で「営業秘密」に該当し保護されるためには、①秘密として管理されていること（秘密管理性）、②事業活動に有用な技術上または営業上の情報であること（有用性）、および③公然と知られていないこと（非公知性）の３要件が満たされなくてはなりません。警察が本件で迅速に逮捕に踏みきったのは、Ｂ社におけるデータベースの管理体制を見て、①の秘密管理性があることをいち早く確認したからといわれています。一般的には秘密管理が十分に行われていないとされるケースは多いのです。

持ち出されたデータには、通信教育事業を行っていくうえで最も重要な情報が含まれていました。保護者の住所宛に子どもの成長に合わせてDMを送ることなどで事業を拡大してきたからです。したがって、これら顧客・個人データは同社の事業にとって欠かせない営業上の秘密情報であり、不正競争防止法による、いち早い犯人の逮捕を望んだのは当然です。

●個人情報保護法や民法の下でのコンプライアンス問題

ところが、個人情報保護法などの下でB社は、一転〝加害者〟とされ、民事上の賠償責任を負わされ、コンプライアンス問題で非難を受けることになりかねません。

誰が被害者になるかといえば、主に個人顧客です。特にこの流出事故の場合、子どもの情報が多く含まれていました。子どもの進学や受験の時期に合わせてタイムリーにDMを保護者の元に送るには、どうしても子どもの生年月日、親の氏名、住所などの個人情報が必要になります。

いわゆる「振り込め詐欺」による被害が跡を絶ちませんが、犯人グループが最も入手したがるのは大学生や社会人になった人たちを含む〝子どもの情報〟です。一般的に親は、「俺だけど、急にお金が必要になったので、今日中に５００万円振り込んでくれ」と電話で言われても、まず信じません。しかし、「大学に近い品川区の交差点で、自転車で交通事故を起こしてしまい、歩行者に５００万円払わなくてはならないので…」と話が具体的で、かつ大学生の息子について身近な人間しか知らない情報に基づいていれば、信じないどころか気が動転してしまいます。

このように子どもの個人情報は、親の懐を狙った犯罪行為に使われるおそれがあり、そのため個人情報の流通市場においては、一段高い価格で取引されるそうです。特に子どもの情報を大量に集めて、それをもとに事業を行う企業には、情報が漏れ出ることのないよう、厳重な管理を求めるしかありません。

●個人情報保護法の下での情報管理責任

そうした事業者の守るべき情報管理上のルールを定めているのが個人情報保護法で

す。ここで、この法律が保護しようとするものと、民間企業に求める情報管理体制の内容を確認しておきましょう。

個人情報保護法は、２００３年５月に成立し、２００５年４月１日から全面的に施行されています。この法律は全部で６章から成り、目的・定義・基本理念を定めた第１章、国・地方公共団体の責務および施策に関する第２章、および第３章は、公布の日（２００３年５月30日）から施行になりました。

コンプライアンスの面で会社の役員や社員の守るべき重要なルールを定めているのが、第４章（個人情報取扱事業者の義務等）です（第５章は「雑則」、第６章は「罰則」）。

個人情報保護法で保護しようとする「個人情報」は、特定の個人を識別することができる情報のことです。第４章中で同法は、個人情報取扱事業者に、「個人データ」を安全に管理する法的責任を課しています。

「個人データ」は、「個人情報データベース等を構成する個人情報」をいうと定義されており、顧客や従業員の個人情報をデジタル化してつくるデータベースはこの典型です。他に、営業担当社員がもらってきた名刺を五十音順に名刺入れに収めたものもこれに当たります。

いわゆるデータベースになった個人情報の集積物をいったん漏えいしたり紛失したりしますと、大量の個人情報が一気に流出する被害になりかねません。そこで本法は「個人データ」を対象に適切な安全管理を求めているのです（同法20条）。

20条の総則的規定が求めるのは、いわゆる情報セキュリティの実施です。その内容は従業員などのモラルとコンプライアンス意識の向上とシステムの整備などで、いわば物心両面での対応が必要です。

そこで、20条に続く21条、22条において、個人データの処理に当たる従業員など（以下、「従業者」といいます）と委託先の監督義務が定められています。なぜこの二者を特に監督しなければならないことになっているかといえば、この二者が原因で個人情報の大量流出が起こるケースが多いからです。

それぞれに対する監督体制の具体的内容は、各省庁の出しているガイドラインなどをよく読まないといけませんが、２０１６年1月から適用をはじめるマイナンバー法は企業の「安全管理責任」を一段と厳しく求めます。これに合わせ、個人情報保護法が

2015年9月に改正されました。

●個人情報保護法の求める委託先の監督責任

再委託先の派遣社員によって大量の顧客情報を持ち出されたB社も、個人情報保護法の下ではコンプライアンス問題になりかねません。それは、同法が個人データの処理を委託する場合における委託元の監督責任を定めているからです。

B社から流出した情報には、子どもや保護者の個人情報が大量に含まれていました。こうした個人情報が、再委託先の、しかも派遣社員から情報が不正に持ち出された場合でも、個人情報保護法や民法の下での委託元（B社）の責任は免れません。

個人情報保護法22条は、事業者は個人情報をデータベース化した「個人データ」の「取扱いの全部又は一部を委託する場合は、その取扱いを委託された個人データの安全管理が図られるよう、委託を受けた者に対する必要かつ適切な監督を行わなければならない」としています。

これだけですと、事業者が具体的に何をどこまでやれば「適切な監督」を行ったことになるのかあいまいですが、「個人情報の保護に関する法律についてのガイドライン（通則編）」では、委託先について①安全管理措置を合理的に評価して選定する、②安全管理措置について定めた契約を締結する、および③情報の取扱い状況を適切に把握する、という3点を求めています。

同ガイドラインは、委託を受けた者に対して、必要かつ適切な監督を行っていない場合として、以下の４つの事例を挙げています。

・委託を受けた者に対して必要かつ適切な監督を行っていない事例

【事例１】個人データの安全管理措置の状況を契約締結時およびそれ以後も適宜把握せず、外部の事業者に委託した結果で、委託先が個人データを漏えいした場合

【事例２】個人データの取扱いに関して安全管理措置の内容を委託先に指示しなかった結果、委託先が個人データを漏えいした場合

【事例３】再委託の条件に関する指示を委託先に行わず、かつ委託先の個人データの

取扱状況の確認を怠り、委託先が個人データの処理を再委託した結果、当該再委託先が個人データを漏えいした場合

【事例4】 契約の中に、委託元は委託先による再委託の実施状況を把握することが盛り込まれているにもかかわらず、委託先に対して再委託に関する報告を求めるなどの必要な措置を行わず、委託元の認知しない再委託が行われた結果、当該再委託先が個人データを漏えいした場合

Ｂ社の場合、こうしたガイドラインの要請を満たしていたとみられます。同社は、委託先の会社がＩＳＭＳ（情報セキュリティマネジメントシステム）を取得していたと公表しているからです。

このため、経済産業省は、Ｂ社の流出事故が社会に与えた衝撃の大きさに鑑み、事件当時のガイドラインが不十分だとして見直しに着手し、委託先業者に対する監督強化を求めることにした経緯があります。

●ネット流出のこわさ

個人情報保護法が委託先の監督責任を求めているのは、「個人データ」についてであって、「個人情報」についてではありません。同法の定義によれば「個人データ」は「個人情報」をデータベース化したものです。個々の個人情報をデジタル化し、コンピュータを使ってデータベース化したものは典型といえるでしょう。

なぜ同法が個人データについて監督責任を規定したかといいますと、個人情報に比べて格段に流出リスクがこわいからです。それはコンピュータを使ってデータベース化されたデジタル情報は、一瞬のうちに何千万件分も持ち出せるからです。

これがアナログ情報だったらどうでしょう。記録の仕方にもよるでしょうが、紙に書かれた何千万人分もの情報は、おそらくトラック1台では運び出せないでしょう。それがデジタル化された情報は何千万件分どころか、何億件分でも小さなチップ状の媒体に収まってしまいます。

会社で顧客情報の処理を任されている人が、勤務時間内に作業が終わりそうにないので、情報の入ったＵＳＢを持ち帰って自宅のパソコンで作業の続きを行うことも、やろうと思えば簡単にできるようになりました。

しかしながら、ここに社員個人にとっても大きなコンプライアンスリスクがあります。自宅で夜１人作業をしているときに、いま扱っている個人顧客データを名簿業者が高く買い取ると知ったら、売ってしまいたい誘惑にかられかねません。

●デジタル社会の掟―デジタル情報の大量流出をどう防ぐか

デジタル化は世の中の流れであり、文書記録をデジタル化することのメリットには、例えば省スペースなど、はかり知れないものがあります。一方で、情報をデジタル化することには大きなデメリットとリスクがあることも忘れてはなりません。

すでに述べたように、最大のリスクは、大量の情報が一瞬のうちに流出するということです。何千万件もの個人情報を紙ベースのアナログ情報で持ち出すことを、１人や２人で行おうとすると膨大な時間と労力を要します。それが、デジタル化されていると、すべての情報がごく小さなチップに収められているため、簡単に持ち出せたりします。それだけでなく、一瞬のうちに世界中の、何億人もの人がそうした情報を見ることができる状態をつくり出すことも可能なのです。

そこで、このような大きなリスクをどう軽減したらよいかを考えてみます。

第一に、企業は顧客・個人情報を的確に管理するための体制を構築しなくてはなりません。この体制は、リスク管理体制の一部であり、同時に内部統制システムの一部でもあります。内部統制システムは、管理の責任部署を設けるといった、目に見える静的な体制づくりとともに、「Plan, Do, Check, Action」のいわゆるＰＤＣＡサイクルを回す動的な内容を含んでいなくてはなりません。

Ｐはプラン・計画づくりのことですが、個人情報保護のための基本方針の策定が欠かせません。高度なＩＴ社会にあって企業は、価値の高い顧客情報などをビッグデータとして大量に収集し、活用していけるかどうかが競争力を左右します。顧客情報は事業遂行に欠かせない重要な情報であり、決して流出させないような対策をたてる必要があります。万が一流出させてしまった場合は顧客のプライバシー侵害にもなる、という強い認識をしておくことが求められます。したがって、「基本方針」は、こうした認識をもてるような意識改革を促すものでなくてはなりません。

基本方針の下で顧客・個人情報の大量ネット流出を防止する方策を着実に実行（Do）していかなくてはなりません。特に、外部からの不正アクセスを発見する手段として、定期的に機密情報へのアクセスログ（接続履歴）を確認して、早期に対処できるようにしておかなければなりません。

PDCAサイクルのC（Check）は、P（計画）に基づくD（実行）がしっかりなされているかを点検、是正することを指し、A（Action）は経営者の責任でこのサイクルを回していくことを指します。

●U市の住民情報流出事故の場合

情報処理従業者が目の前にある〝宝の山の誘惑〟に負けてしまったケースが、U市の事件です。

Ｕ市が、乳幼児健診システムの開発を計画し、外部の民間業者に開発を委託したところ、外注先はＵ市に無断で住民データの入力作業をさらに孫請企業に発注しました。市役所内での作業は午後5時過ぎまで、と時間的な制約が大きかったため、孫請企業の開発を担当した元大学院生の男性アルバイトは、市の許可を得て、乳幼児健診システムに利用する住民基本台帳と外国人登録名簿の元データ、計21万７６１７件分を自宅に持ち帰って作業を行うことにしました（１９９８年4月）。

この男性は、テレビなどで名簿の売買が金になることを知り、ＭＯ（光磁気ディスク）に約21万人分のデータをコピーして、インターネットで見つけた大阪府の名簿屋に郵送し売却しました。１９９９年5月13日には、口座に代金25万８０００円が振り込まれました。名簿業者はインターネットに販売広告を出していましたが、同月21日に指摘を受けるまで、市はまったく流出に気づかなかったといいます。

この流出事故で被害を被った住民が訴訟を起こし、最高裁判所は平成14年7月11日に判決を下し、住民1人当たり1万５０００円（うち1万円の慰謝料・損害賠償、５０００円の弁護士費用）の支払いをＵ市に命じました。

●流出事故の場合の損害賠償責任は誰が負うか

2014年7月に明るみに出たB社の大量顧客情報流出事故では、B社グループの親会社（ホールディングス）、B社自身、B社の情報管理責任者、顧客情報を持ち出して名簿業者に売却した再委託先の派遣社員、同社員に情報処理を行わせていた再委託先の会社など、さまざまな当事者が登場します。

まず、流出を自ら行った派遣社員ですが、個人情報を名簿業者に売却すれば、最悪の場合、振り込め詐欺グループの犯人の手に渡るなどして被害が生じることは容易に知りうるにもかかわらず、あえてこれを行っているのですから、不法行為責任を問われてもしかたないでしょう。

ただ、不法行為による損害賠償責任は実際に損害がなければ発生しません。情報流出はあったとしても、幸いにして悪用されず、直接的な被害＝実害も生じなかったときは、加害者の賠償責任はゼロになる可能性が高いのです。

なぜゼロになるといい切れないのでしょうか。プライバシー情報の流出の場合には慰謝料の賠償責任が生じうるからです。慰謝料は精神的損害に対する賠償のことで、なかでも「機微情報」といって、他人には絶対に知られたくないと大方の人が考えるプライバシー情報を流出させたときは、必ずといっていいほど慰謝料の賠償が問題になります。「金融分野における個人情報保護に関するガイドライン」は、「機微（センシティブ）情報」を、「法第2条第3項に定める要配慮個人情報並びに労働組合への加盟、門地、本籍地、保険医療及び性生活（これらのうち要配慮個人情報に該当するものを除く。）に関する情報（本人、国の機関、地方公共団体、法第76条第1項各号若しくは施行規則第6条各号に掲げる者より公開されているもの、又は、本人を目視し、若しくは撮影することにより取得するその外形上明らかなものを除く。）」と定義します（5条）。

また、個人情報保護法2条3項は、「要配慮個人情報」を「本人の人種、信条、社会的身分、病歴、犯罪の経歴、犯罪により害を被った事実その他本人に対する不当な差別、偏見その他の不利益が生じないようにその取扱いに特に配慮を要するものとして政令で定める記述等が含まれる個人情報をいう」としています。

もしこうした情報の1つでも漏れたと知ったら、ほとんどの人は不快になるでしょうし、犯罪などに悪用されたときのことを考えて、不安で眠れなくなる人もいるかもしれません。こうした精神面で被る損害を償うのが慰謝料の賠償です。

慰謝料は、例えば詐欺に遭ってだまし取られた「10万円」とは異なり、いくらになるのか賠償金額算定のものさしがない点に難しさがあります。過去の病歴が公になったとしても、死にたくなるほど嫌だったという人もいれば、それほど痛痒《つうよう》を感じなかったと言う人もいて、個人差がありそうです。

加えて、個人情報の大量流出事故の場合、被害者はＢ社の事故のように何千万人にもなりえますし、一人ひとりの精神的被害の額を具体的に算定していくのは不可能に近いほど大変なことです。結局、戸籍情報が漏れた場合は「１件当たり○○万円」のように一律の基準をたてて対応するしかありません。

Ｂ社の事故では、流出情報１件当たり５００円相当の金券送付で対応することにしましたが、対象の件数が多いため「賠償金額」は巨額になりました。

２０１５年５月はじめ、Ｂホールディングスは２０１５年３月期の連結最終損益が１０７億円の赤字だったと発表しました。顧客情報の大規模流出事故による顧客へのお詫び費用など３０６億円の特別損失が響いたそうです。

１件当たり５００円の金券でもこの巨額ですから、たとえ法的責任が明らかだとしても、一般の個人では到底支払える金額ではありません。

●情報流出事故と使用者責任

ネット時代の大量顧客情報流出事故は、個人では到底支払いきれないほどの損害賠償責任を生じさせます。そこで、事故を起こした社員に代わって、雇主が被害者の損害を賠償する使用者責任（民法７１５条）を負います。

「使用者」は雇主のことといってよいのですが、B社事件で事故を起こした派遣社員の場合、雇主は派遣元の派遣会社であって派遣先の会社ではありません。ということは、従業員に代わって不法行為責任を負うのは派遣会社となるはずですが、派遣会社は派遣社員の職務を監督しません。派遣社員は契約上、派遣先企業の指揮・監督に服することになるからです。

そうなると、被害者は誰の責任を追及すればよいかわからなくなってしまいます。個人情報保護法が、こうした場合に備えた規定をしています。「個人情報取扱事業者は、その従業者に個人データを取り扱わせるに当たっては、当該個人データの安全管理が図られるよう、当該従業者に対する必要かつ適切な監督を行わなければならない」（同法21条）としているのがそれです。

この規定では、「従業員」ではなく「従業者」の語を使っている点に注意してください。監督の対象として、この両者はどのような関係にあるのでしょうか。

明確な説明が経済産業省の個人情報保護ガイドラインにあり、「従業者」とは、「個人情報取扱事業者の組織内にあって、直接間接に事業者の指揮監督を受けて事業者の業務に従事している者をいい、雇用関係にある従業員（正社員、契約社員、嘱託社員、パート社員、アルバイト社員等）のみならず、取締役、執行役、理事、監査役、監事、派遣社員等も含まれる」としています。

〝加害者的立場〟で直ちに対応すること

個人情報を大量に含む顧客情報が外部委託先から流出したとします。委託元企業は、主に2つの法律の適用をすぐに思いつかないといけません。「不正競争防止法」と「個人情報保護法」です。

ただ、この2法は、適用関係は正反対になることに注意してください。不正競争防止法の適用は、流出のあった企業の被害者的立場に基づきます。企業にとって事業の継続に不可欠な情報資産である顧客情報（以下、「営業秘密」といいます）を不正に取得された被害の法的救済を求めます。〝不正取得犯〟を逮捕してもらうための刑事告訴をすることや、顧客情報の不正使用の差止めを請求することなどが考えられます。

一方、個人情報保護法の適用は、加害者的立場から考えないといけません。同法が個人情報取扱事業者に求める個人データの安全管理義務に違反し、「従業者」や「委託先」の監督が不十分であったために流出事故が起こった場合の法的責任を根拠づけるからです。

重要なのは大量の個人情報が流出した場合、企業として原因究明や〝犯人捜し〟をするより前に、加害者になりうる立場であることをよく認識し、直ちに二次、三次の深刻な被害を防止するための措置をとらなくてはなりません。

深刻な被害は高齢者を狙った振り込め詐欺などに悪用されることで生じます。とにかくすぐにやらなくてはならないのは、流出事故の発生を個人情報の保有者に知らせる警告を発することです。

流出事故に最も早く気づくのは、個人データの処理を実際に担当している社員であることが多いので、そうした事故に気づいたら、直ちに会社に通報する、ヘルプラインなどのシステムをつくることが肝要です。

・神奈川県データ流出事故

2019年12月、神奈川県庁で使用されたハードディスク（HDD）18個が、東京のデータ消去会社から持ち出され、オークションサイトに出品される事件が起きました。警視庁は、この消去会社の元社員を別のハードディスク12個を社内から盗み出した疑いで逮捕しました。問題を起こした消去会社の社長は、記者会見で、HDDのデータ消去室に出入りする従業員の不審な行為のチェックが不十分であったと認めました。

第4章

マイナンバー制度導入と企業による従業員情報管理

●年金情報の大量流出事故

2015年6月1日、マイナンバー制度の導入に深刻な影響を与えかねない、公的機関からの個人情報大量流出事故が明らかになりました。日本年金機構の端末がサイバー攻撃を受け、約125万件の年金情報が外部に流出したと発表したからです。流出した情報には年金加入者の基礎年金番号と氏名が含まれており、うち約5万2000件については生年月日や住所も流出したそうです。

国内の公的機関としては過去最大規模の情報流出事故となりました。同機構は、約5000万件の年金記録漏れ問題を起こし廃止された社会保険庁の後継組織として、2010年に設立されています。公的年金の保険料を国民から集めるほか、年金記録の管理や事業所への加入の呼びかけ、年金の支給をする特殊法人です。

年金個人情報流出の発端は、外部からのウイルスメールによる不正アクセスです。学術機関の職員を装った電子メールに、セミナーの案内状と称するウイルス付きの文書ファイルが添付されていました。これを開封した少なくとも2人の同機構職員の端末が感染し、端末同士をつなぐＬＡＮシステム内のファイル共同サーバーに保管されている基礎年金番号や氏名などの情報が、ファイルごと抜き取られたとみられています。

流出の発端は外部からの不正アクセスですが、同機構による初期対応のまずさが被害を拡大したとみられます。同機構の職員の端末で最初にウイルス感染が確認されたのは２０１５年5月8日でした。

そこで同機構は端末を隔離し「不審なメールは開けないように」と職員に注意を促しました。これが徹底されず、別の職員がメールの添付ファイルをうっかり開けてしまい、またウイルスに感染してしまいました。職員の教育を含む安全管理体制が甘かったといわれても仕方がないのではないでしょうか。

●年金個人情報の流出でもたらされうる被害

流出した基礎年金番号と氏名などの情報があれば、インターネットを通じて本人になりすまし、勝手に住所を変えることができます。これだけで年金の不正引き出しができるわけではなさそうですが、この種の情報は振り込め詐欺に利用されるおそれがあります。

振り込め詐欺で狙われるのは、比較的裕福な高齢者です。例えば、同機構をかたって年金受給者の高齢者に電話し、年金の支払先が変更になったと嘘をついて年金をだまし取るといったことが、いつ行われるかもしれません。

同機構は直接電話をかけることはないとしていますが、年金受給者は、知られているはずのない基礎年金番号を告げられると、よりだまされやすくなります。税務署が直接電話をすることはないと繰り返し注意していても、税金の還付などに関連した振り込め詐欺は跡を絶ちません。

年金情報の大量流出が公けになった翌日の6月2日には、東京都内2人の高齢者に同機構の職員を名乗る不審な電話があったそうです。そのうちの1件では、電話を受けた70代の女性が本物の職員かどうかを尋ねたところ、一方的に電話が切れたといいます。

●「標的型メール攻撃」から顧客情報を守るために必要なコンプライアンス

年金情報大量流出事故は、「標的型メール攻撃」によって起こされました。これはサイバー攻撃の一種で官公庁や企業の秘密情報を狙って仕掛けられます。業務連絡や代金請求を装ったメールを送りつけ、添付ファイルを開くとパソコンがウイルスに感染します。その後、不正プログラムによって企業や組織のネットワークに侵入し、情報を抜き取るのです。

警察庁によれば、企業を狙った「標的型メール攻撃」は年々増加してきており、２０１４年は上半期が２１６件でしたが、下半期は１５０７件に急増し、前年比約３・５倍になったそうです。

攻撃の手口も〝高度化〟しています。事前に所属事務所や氏名、担当業務を調べ、業務連絡を巧妙に装う、あるいは顧客相談窓口にクレームを装ったメールを送ったり、役員など社内関係者を名乗ったりする手口もあるといいます。

ここまで巧妙な手口を使われますと、ついひっかかってしまいがちですが、結果は重大な情報流出になりえますので、社員一人ひとりが注意すべきルールをつくり、その遵守を徹底するコンプライアンス体制を整備するのが最善の策だと思います。

●社内ルールの内容

警察庁が標的型メール対策として推奨するのは、「面識のない送信者や心当たりのない件名のメールは開かずに削除する」「ウイルス対策ソフトを導入し更新する」などで、「重要」「至急」と過度に強調するメールなどにも警戒が必要としています。

専門家の中には、重要な情報や個人情報を扱う企業・部署では、不審なメールについては、とにかく添付ファイルは開けないとする社内ルールの徹底が必要だとする人もいます。

年金情報の事故の場合、2015年5月8日に福岡の日本年金機構職員が添付ファイルを開き、端末がウイルスに感染、その後、東京でも感染が広がってしまいました。こうした事態を防ぐには、各地のあらゆる役職員にルールを守るコンプライアンス意識を浸透させるのが最も有効です。

また、別の専門家は重要な情報を扱う端末はネットにつながない体制づくりが重要だとします。同機構は、福岡と東京の職員が使う2台の端末が感染したことから、これらの端末をネットから隔離したとしていますが、即座に全端末を隔離し、感染や異常通信の有無を確認すべきだったと指摘する人もいます。

大量のデータを外部に送るなど、異常な通信を検知できれば流出を防げた可能性があるからだそうです。いずれにしても情報流出が判明したら、原因や被害の全容究明を待つことなく、直ちに事実を公表し必要な善後策に踏み切ることです。

それを可能にするため、役員・従業員が一丸となって情報の「風通しのいい」組織づくりをめざすべきです。特に悪い情報ほど早く「上に伝える」コンプライアンス・ホットラインとその有効活用は欠かせません。

年金情報大量流出事故の場合、職員のコンプライアンス意識の低さが露呈しました。

2015年6月3日に開かれた衆議院の委員会審議において、同機構が情報流出を公表するより前に、ネット掲示板の同機構に関連するスレッドに内部情報の書き込みをしていたことが明らかになったのです。

書き込みは、同年5月28日夜、「ウイルス感染しましたので、共用ファイルは利用禁止になりました」と指摘しました。翌29日夜には「個人情報でも流出したのかな」「ここにいる職員よ、絶対に垂れ込むなよ」「月曜日に会見とかやるんでないの」といった記述があったといいます。

●マイナンバー制度導入との関係

年金情報の大量流出事故は、2016年1月から適用が始まるマイナンバー制度下における個人情報流出防止体制、安全管理体制への関心をいやがうえにも高めました。

マイナンバー制度によって国で取り扱う個人情報が適正に守られるかどうか、大きな懸念を国民の間に広げました。そのため、個人情報保護法の改正と一括して審議されたマイナンバー法の改正においては、参議院の審議で基礎年金番号とマイナンバーの連結を当面延期する修正が改正案に入りました。

マイナンバーは社会保障と税の共通番号として、まず税や社会保障分野で利用され、次いで医療や金融取引などにも利用を広げる方向で検討が進められてきました。そのための法改正は、２０１５年9月に成立しました。基礎年金番号など年金関連の個人情報をマイナンバー制度に組み込むことは当初から予定されていましたが、流出事故発生であらためてその点を見直そうとする動きも出ました。

マイナンバー制度の下では、国だけでなく民間企業も従業員の「番号」を取得し、給与の支払いなどに際して取り扱わなくてはなりません。万が一、企業での従業員のマイナンバー管理が不十分なためにサイバー攻撃に遭い、従業員の家族分を含む大量の個人情報をネット流出させてしまうことにでもなれば、きわめて重い責任を追及されるでしょう。刑事罰の対象にもなりえます。

そうならないためには、何よりも企業の役員・社員がマイナンバー制度の内容と制度下での企業の責任をよく知ったうえで、「デジタル・ネット社会の掟」を遵守するコンプライアンス体制を整備することです。

●マイナンバー制度とは

マイナンバー（my number）の言葉自体の意味は、「私の番号」という意味でしかありません。しかし、マイナンバー制度がはじまり、国民の生活には大きな影響が生じています。マイナンバー制度は、２０１３年5月に成立した「行政手続における特定の個人を識別するための番号の利用等に関する法律」案その他関連法案の下で、導入が決まりました。

２０１５年10月から、日本国内に住民票を有する全住民へのマイナンバー（正確には、マイナンバー法2条5項に規定する「個人番号」を指します）の通知、および日本国内に本店が所在するすべての法人や、日本国内で税務上の義務を負う外国法人等への「法人番号」の通知が行われます。次いで、２０１６年1月以降、社会保障、税および防災・災害対策分野の行政事務に関わる手続きにおいて、マイナンバーの利用が順次はじまっております。

マイナンバーの利用は、これらの分野に限りません。これらの分野に近接し、公共性が高い①戸籍事務、②旅券事務、③預貯金付番（口座名義人の特定・現況確認に係る事務）、④医療・介護・健康情報の管理・連携等に係る事務、⑤自動車登録に係る事務にマイナンバーの利用範囲を拡大することについて、政府内で検討が進められてきました。

マイナンバーの民間利用は、段階的に、個人番号カードの券面やＩＣチップに搭載された公的個人認証を用いた本人確認などにおいて、民間事業者にも開放されるとみられます。金融機関などの民間事業者は、いまからマイナンバーの民間利用に向けて準備を進めていく必要があります。

これとは別に、民間事業者には、マイナンバーの公的利用に関して行うべきことがあります。中心になる社会保障制度や税制面での公的利用を実現するためには、民間事業者の理解と協力が不可欠だからです。

民間事業者が従業員に給与を支払う場合を例に考えてみます。２０１６年１月１日以降の支払いに係る法定調書には、原則として支払い相手のマイナンバーを記載しなければなりません。そこで、給与等を支払う従業員、報酬を支払う外部講師、不動産賃料を支払うビルオーナーなど支払先のマイナンバーを法令に基づいて取得し、適切に管理する必要があります。

マイナンバー制度の導入に伴い、マイナンバー等の記載欄を確保するために、給与所得の源泉徴収票が現行のA6サイズからA5サイズに変更されましたので、この関連での準備も欠かせません。

マイナンバーを民間事業者が取得し管理するに当たっては、個人情報保護法を超越したコンプライアンス体制が求められます。マイナンバー法は、特定個人情報（個人番号とそれに紐づく情報）については、特に強く保護されなくてはならないとしており、違反行為に対しては重大な罰則を、両罰規定（事業主も行為者個人のほかに罰する規定）付きで科しているからです。

個人情報保護法には、個人情報の不適切な管理や漏えいを直接処罰する規定はなく、措置命令を無視した場合に行政命令違反として刑罰（6カ月以下の懲役、30万円以下の罰金）を、報告義務違反あるいは虚偽報告について30万円以下の罰金を科す（両罰規定あり）としているのみです。

●企業に求められるマイナンバー法対応

マイナンバー制度が2016年1月にスタートしますと、企業は従業員や家族の個人番号を集め、これを源泉徴収票などに記載し税務署などに提出する必要があります。このほか、企業は社会保険の被保険者資格取得届にも従業員のマイナンバーを記載しなくてはなりません。例えば、社内報への執筆を外部の有識者に依頼し、原稿料を支払うとしますと、支払調書に執筆者から取得したマイナンバーを記載することになります。

企業は、2016年1月以降、規模にもよりますが、従業員を中心としてかなりの数のマイナンバーを取得するようになりますので、間違っても外部に漏らしたりすることのないよう、安全に管理しなくてはなりません。

ところで、「マイナンバー法」と広く称していますが、2016年1月から施行される法律の正式名称は、「行政手続における特定の個人を識別するための番号の利用等に関する法律」です。これを「番号法」と略すこともありますが、この本では「マイナンバー法」を使います。

正式名称からは、マイナンバー法が個人向けの番号しか対象にしていないように読めますが、法人に対しても13桁の「法人番号」を指定することとしており、２０１５年10月から各法人宛書面で通知がなされます。法人番号は個人番号と異なり、インターネットで公開され誰でも自由に利用できます。

●個人はどうすればよいか

個人には、２０１５年10月以降、市区町村から12桁のマイナンバーが「通知カード」に記されて簡易書留で郵送されます。このマイナンバーは、漏えいし不正に用いられるおそれがあると認められる場合以外は、生涯にわたり変更できません。

マイナンバーは、２０１６年1月以降、社会保障と税に関する手続きにおいて広く使用されます。会社は、使用に先立って従業員、取引先、株主および顧客から個人番号、法人番号を取得しておかなくてはなりません。

社会保障分野では、私たち個人も、雇用保険、児童手当、生活保護などの手続きにおいて行政機関からマイナンバーの記載を求められます。また、税務分野では、確定申告書や法定調書など税務当局に提出する書類にマイナンバーの記載を求められます。

マイナンバー制度によって私たち個人は「番号」によって管理されるだけで、あまりメリットがなさそうでもあります。ただ、２０１６年１月以降に各市区町村が発行する「個人番号（マイナンバー）カード」は、ＩＣチップを搭載していますから、身分証明書として使えます。また、同カードを使うことで、児童手当などの申請に際し所得証明書や住民票などの添付が不要になりますし、自治体によってはコンビニで住民票が取得できるようになります。

●企業が従業員の家族のマイナンバーを取得する必要のある手続き

企業がマイナンバーを従業員、取引先、株主から取得して書類を作成したりしなくてはならない手続きは、かなり多岐にわたり数多くあります。

その中には、従業員を通じて家族のマイナンバーを取得する必要がある手続きが含まれています。例えば、年末調整の際に取り扱う「給与所得者の扶養控除等（異動）申告書」はその例です。これは従業員が会社を通じて行政機関等に提出する書類に配偶者等のマイナンバーが必要となる場合です。

ほかに、従業員の配偶者等が従業員の勤める会社を通じて行政機関等に提出する書類に配偶者等のマイナンバーが必要になる場合があります。例えば、「第3号被保険者資格取得届」です。この場合、会社が配偶者等から直接取得すればいいのですが、実際には従業員が配偶者等の代理人として配偶者等のマイナンバーを提供することがほとんどだと思います。会社としては、代理人からマイナンバーの提供を受けるに当たって本人の確認をしなくてはなりませんので、配偶者等作成の委任状、従業員の写真付き証明書、および配偶者等の個人番号カード、通知カードまたはマイナンバーが記載された住民票の、いわば「3点セット」が必要になります。

マイナンバー制度の導入によって、企業はこれまでなかった手続き面のコンプライアンスと情報の安全管理措置を求められるようになったことを理解しておいてください。

およそ従業員のいない企業は考えられませんので、ほとんどすべての企業で従業員などのマイナンバーを安全に管理するための体制を整えなくてはなりません。

●従業員のマイナンバーの安全管理

マイナンバー制度の下で企業により重いコンプライアンス上の課題をつきつけるのが、従業員情報の安全管理面においてです。この課題について考えるうえでまず明らかにしておきたいのが、「マイナンバー法」と「個人情報保護法」との関係です。

２法の関係は、一般法と特別法の関係にあり、特別法が一般法に優先します。すなわち、民間分野であれば、個人情報保護法が、特定の個人を識別できる「個人情報」を取り扱う場合の一般的ルールを定めているのに対し、マイナンバー法は「特定個人情報」（マイナンバーをその内容に含む個人情報）に対するより厳しい特別ルールを定めています。

従業員や取引先の個人情報安全管理ルールについても例外ではありません。個人情報保護法20条は「個人情報取扱事業者は、その取り扱う個人データの漏えい、滅失又はき損の防止その他の個人データの安全管理のために必要かつ適切な措置を講じなければならない」と規定しています。

法律レベルでは個人情報保護法の場合、「安全管理措置」の中身までは書いていません。

そこで、例えば「個人情報の保護に関する法律についてのガイドライン（通則編）」が、「組織的安全管理措置」「人的安全管理措置」「物理的安全管理措置」および「技術的安全管理措置」に分けて詳細に事業者が行うべきことを示しています。

特別法に当たるマイナンバー法では、直接、法令上の保存期間経過後のマイナンバー、特定個人情報の保管を禁じています。従業員などのマイナンバーを廃棄・削除した場合、企業はこれを記録し、保存しなくてはなりません。なお、年金情報の大量流出事故に関連して重要な個人情報を扱う際の社内ルールを明確化し外部流出を防止すべきだと述べました。廃止された経済産業省ガイドラインには「個人データの取扱いに関する規程等に記載することが望まれる事項の例」として、次のような項目が含まれていました。

「個人データを入力できる端末に付与する機能の、業務上の必要性に基づく限定（例えば、個人データを入力できる端末では、CD－R、USBメモリ等の外部記録媒体を接続できないようにするとともに、スマートフォン、パソコン等の記録機能を有する機器の接続を制限し、媒体及び機器の更新に対応する。）」

こうしたルールが日本年金機構でも守られていれば流出事故は防げたはずです。

●個人情報保護法とマイナンバー法の改正

２０１５年9月3日、個人情報保護法とマイナンバー法の改正法案が国会を通過しました。国会では両法の改正が一括して審議されました。２０１５年9月3日に内閣府が発表した世論調査結果では、マイナンバー制度への国民の懸念としては、不正利用により被害に遭うおそれ（38％、同年1月調査より5・7ポイント増）、情報漏えいによりプライバシーが侵害されるおそれ（34・5％同1・9ポイント増）が1、2位を占めました。

こうした事態の発生防止に大きな役割を果たすのが個人情報保護法ですが、同法の内容を、〝マイナンバー時代〟に相応しく衣替えするのが本改正の狙いです。

改正点のうち重要なのが、「個人情報取扱事業者」と「個人情報」の範囲拡大です。個人情報保護法は、従来、５０００件を超す大量の個人情報を取り扱う事業者にのみ情報の漏えいを防止する管理責任などを課してきました。改正法はこの「小規模事業者」の除外例をなくしました。マイナンバー法がほとんどすべての事業者にマイナンバーの厳しい管理を義務づけることに合わせたものです。

次に管理の対象になる「個人情報」の定義に「個人識別符号が含まれるもの」と「要配慮個人情報」（いわゆるセンシティブ情報、機微情報）を加えました。また、「匿名加工情報」の定義規定を置くことにし、その第三者提供につき規制を緩和しました。いずれもマイナンバー制度の導入をにらんだものであることはすぐわかります。

マイナンバー法の改正では、金融分野・医療分野などにマイナンバーの活用を広げ、銀行口座と結びつけられるようにする点が重要です。この点は、２０１７年以降順次適用が広げられていきます。

個人情報保護法の改正は、個人情報保護委員会の発足部分が２０１６年１月から、それ以外の部分については、２０１７年5月30日に施行になりました。

マイナンバー法は、２０１９年5月31日に「通知カードの廃止」などを内容に、さらに改正されました。個人情報保護法は、２０１８年5月から適用開始になったEU・GDPR（一般データ保護規則）との一部〝ギャップ〟解消のため、２０２０年中に改正が予定されています。

第5章

自転車の運転とコンプライアンス

●自転車による事故が社会問題に

自転車やバイクによる通勤を後押しするために駐輪場を設置する企業が出てくるほど〝環境にやさしく〟健康にもよい自転車は人気があります。

手軽に誰でも楽しめる自転車ですが、場合によっては自動車同様の交通ルールを守らなくてはなりません。

自宅の前がゆるい坂道になっており、下りきったあたりの路面に大きく「止まれ」とあり停止線が書かれています。停止位置も含めしっかり守る自動車を見たことは、パトカー以外ほとんどありません。自転車の場合はといえば、一〇〇パーセント近くが違反です。

自動車を運転する人ならば誰でも、信号機のない交差点で、一時停止をしなければならないはずの道路から急に自転車が飛び出してきてあやうく衝突しそうになった経験をしたことがあるでしょう。

ほかにも、歩道上をルール違反の走行をしていて歩行者にぶつかってしまうなど、小さなトラブルを含めれば、私たちの生活は自転車の〝脅威〟に満ちています。

いまや普通の生活をしている普通の人をある日、思いもかけずに交通事故の加害者にし、罰金などの刑事罰を科す可能性をもつのが自転車といってもよいでしょう。

この意味で、「デジタル・ネット社会」とは直接関係はないものの、「身近なコンプライアンス」の代表格にもなった自転車の法律問題につき、ポイントを絞って整理しておきましょう。

●自転車による法令違反行為

通勤は、職場における仕事と私生活上のプライベートな行動との境目、グレーゾーンに属します。デジタル社会やネット社会がさらに進展するにつれ、ますます職場と私生活の場との区別があいまいになっています。

そうなると私生活面においてもコンプライアンス的に〝襟を正す〟ことが求められます。社員による私生活における法令違反行為が直接企業のレピュテーションリスクにつながりかねません。

例えば、「交通安全第一」を標榜するバス会社あるいは自動車メーカーの社員が、自転車で法令違反行為を繰り返し、あげくの果てに歩行者にぶつかって重傷を負わせたのでは、きわめてまずいことになります。

コンプライアンスは、なんといっても法令をはじめとする「社会のルール」を守ることが中心です。そのためには会社の役員や社員の一人ひとりがルールの内容を理解していないといけません。自転車に関する法令ルールをここでまとめておきましょう。

●自転車利用者を対象にした安全講習スタート

2015年6月から、危険な運転を繰り返した自転車の利用者に安全講習の受講を義務づける制度がスタートしました。受講を拒んだ場合には、5万円以下の罰金が科されます。

この講習制度は、道路交通法（以下、「道交法」といいます）の改正によって導入されました。14歳以上が対象で、自転車の「危険行為」で３年以内に２回以上摘発を受けると受講を命じられます。

道交法では「危険行為」として、信号無視、酒酔い運転、歩道での歩行者の妨害など、次の14項目が挙げられています。このうちどれか１つくらいは心当たりのある人が多いのではないでしょうか。なお、警察庁は、制度開始後の１か月間の「危険行為」摘発件数は５４９件と発表しており、摘発の理由は、信号無視２３１件、遮断機踏切立入り１９５件が多くなっています。

・信号無視【７条】
・通行禁止違反【８条１項】
・歩行者用道路における車両の義務違反（徐行違反）【９条】
・通行区分違反【17条１項・４項・６項】
・路側帯通行時の歩行者の通行妨害【17条の２第２項】
・遮断機踏切立入り【33条２項】
・交差点安全進行義務違反等【36条】

・交差点優先車妨害等【37条】
・環状交差点安全進行義務違反等【37条の2】
・指定場所一時不停止等【43条】
・歩道通行時の通行方法違反【63条の4第2項】
・制動装置（ブレーキ）不良自転車運転【63条の9第1項】
・酒酔い運転【65条1項】
・安全運転義務違反【70条】

対象は「14歳以上」ですから、自転車で通学をする中学生や高校生も入ります。子どもが危険行為を繰り返しているのを黙認していれば、万が一事故を起こした場合、未成年者の親が被害者への損害賠償責任を負うことになるかもしれません（民法714条）。

●自転車は「車」か

「車」は一般に自動車を指す言葉で、自転車を指していうことはあまりないでしょう。しかし道交法上は、自動車も自転車も同じ「車両」（同法2条8号）なので、自転車は「車」であるといえなくもありません。道交法では、自転車は「軽車両」（同法2条11号）に分類されており、軽車両は車両の一種だからです。

自転車は車両の一種ですから、同法の下で歩道または路側帯と車道の区別のある道路においては、車道の左側を通行しなければなりません。

とはいえ、自転車は軽車両なので、著しく歩行者の通行を妨げることとなる場合を除いて、白い実線などによって区切られた帯状の路側帯（軽車両の通行を禁止することを表示するものを除く）のうち道路の左側にある部分を通行することができます。

また、道交法上の「普通自転車」の場合（本書では、普通自転車を指して「自転車」とします）、自転車道が設けられている道路においては、自転車道以外の車道を横断する場合および道路の状況その他の事情によりやむを得ない場合を除いて、自転車道を通行しなければなりません。

このように、自転車は車道通行が原則ですが、例外的に、歩道通行が認められる場合があります。

歩道に「普通自転車歩道通行可」の標識があるとき、自転車の運転者が13歳未満または70歳以上の者、身体の不自由な者であるとき、および、車道または交通の状況に照らして自転車の通行の安全を確保するため自転車が歩道を通行することがやむを得ないと認められるときです。

●傘をさしての「ながら運転」は禁止

自転車の運転者は道交法70条の定める安全運転義務を負いますから、当該自転車のハンドル、ブレーキその他の装置を確実に操作し、他人に迷惑をかけないような速度と方法で運転しなければなりません。

傘をさして自転車に乗る場合、片手での運転となり、不安定な運転になるので安全運転義務に違反します（同法70条）。また、自転車の運転者は同法71条の定める車両の運転者等の遵守事項を守るべき義務を負います。その遵守事項のうちの「道路又は交通の状況により、公安委員会が道路における危険を防止し、その他交通の安全を図るため必要と認めて定めた事項」（同法71条６号）という規定に基づき、都道府県の公安委員会が定めた規則によって、傘さし運転が禁止されている場合が多く、これに違反した場合にも５万円以下の罰金の適用があります。

例えば、東京都では２００９年７月１日の規則改正により、携帯電話を使いながら、傘をさしながらの「ながら運転」などを禁止するようになりました。

車両の運転者が遵守しなければならない事項として、「傘を差し、物を担ぎ、物を持つ等視野を妨げ、又は安定を失うおそれのある方法で、大型自動二輪車、普通自動二輪車、原動機付自転車又は自転車を運転しないこと」（都規則８条）を挙げています。

●自転車の飲酒運転で「捕まる」ことがある

自転車は「車両」（道交法2条8号）に当たるため、酒気帯び運転を禁止する同法65条1項が、自転車の運転者にも適用されます。同法65条1項に違反する運転者に対する危険防止の措置を同法67条3項が定めており、この規定も自転車の運転者に適用されます。

したがって、警察官は、自転車の運転者が酒気帯び運転をしていると認めるときは、当該自転車を停止させ、アルコール呼気検査を行う等の応急の措置をとることができます（同法67条3項）。アルコール呼気検査を拒んだ場合には罰則が適用され、現行犯逮捕される可能性があります（同法108条の2。3月以下の懲役または50万円以下の罰金）。

同法は飲酒運転の罰則を、酒気帯び運転と酒酔い運転の2つに分けています。酒酔い運転はアルコール濃度に関係なく「アルコールの影響により正常な運転ができないおそれがある状態」での運転です（同法117条の2第1号。5年以下の懲役または

１００万円以下の罰金）。酒気帯び運転は、「身体に政令で定める程度以上にアルコールを保有する状態」での運転です（同法１１７条の２の２第３号）。

酒気帯び運転罪の罰則である同法１１７条の２の２第３号は、軽車両を適用の対象から除いています。自転車は軽車両に分類されるため、自転車の運転者に適用されるのは、酒酔い運転の罰則だけです。自転車の飲酒運転は、酒酔い状態に至っている場合には同法１１７条の２第１号が適用になり、当該自転車運転者が停止させられ、交通切符を交付されます。

「捕まる」というのはこのことを指しています。一方、自転車の飲酒運転者が酒酔い状態に至っていない場合には、同法65条１項に違反してはいますが、罰則規定の適用がありません。ただ、この場合、安全運転を誓う内容の誓約書に署名させられることがあります。

●自転車によるスピード違反

道交法22条1項は、「車両は、道路標識等によりその最高速度が指定されている道路においてはその最高速度を、その他の道路においては政令で定める最高速度をこえる速度で進行してはならない」と規定しています。自転車も同条の規制に服します。

同法22条1項前段の「道路標識等によりその最高速度が指定されている道路」では、自転車運転者がその最高速度を超える速度で運転した場合には、速度規制に違反したこととなり、罰則（同法118条1号。6月以下の懲役または10万円以下の罰金）の適用があります。

同法22条1項後段の「その他の道路」、すなわち最高速度が指定されていない道路では、「政令で定める最高速度」を超えてはならないとされていますが、道交法施行令は、軽車両につき定めていません。

そこで、軽車両に分類される自転車は、最高限度の指定されていない道路ではスピード違反で検挙されることはありません。ただし、危険な速度での運転は、同法70条の安全運転義務に違反するおそれがあります。同法70条は、「道路、交通及び当該車両等の状況に応じ、他人に危害を及ぼさないような速度と方法で運転しなければならない」としています。

歩道では、自転車運転者は歩行者を優先しなければならず、原則として徐行義務を負います。自転車の徐行は、「車両等が直ちに停止することができるような速度で進行すること」を指します（同法２条１項20号）。具体的には、大人の早足程度、毎時６キロメートルから８キロメートル程度（道交研究会、執務資料）、ふらつかない程度に走行できる最も遅い速度（自転車の安全な通行方法等に関する検討懇談会「自転車の安全利用のための通行方法について」２００７年12月）とされています。

●自転車の無灯火運転

夜間に無灯火で自転車を運転することは、商店街など明るいところでも灯火義務（道交法52条１項）に違反しています。

灯火義務に違反すると、故意・過失を問わず、つまりうっかり違反した場合であったとしても5万円以下の罰金が科せられます。

無灯火運転中に事故を起こしますと、他の法律でも問題となります。

次に、事例を紹介しながら説明します。

【事例1】午後7時過ぎで周囲がすでに暗くなっていたところ、Aが制限速度を約10キロメートルを超える速度で普通乗用自動車を走行中、交差点を横断中のB運転の自転車に衝突した（仙台地裁判決平成20年2月27日）。

[解説] 本件では、無灯火運転を根拠の1つとして、Bに著しい過失が認められ、Aの損害賠償額が5割減額されました。無灯火運転が自転車運転者の落ち度として斟酌され、自転車側の過失割合が大きく認定されることがあります。

【事例2】中学生Cは日没近くのかなり暗くなった時間帯に薄暗い場所で自転車を運転中、歩行中の高齢者Dと衝突し、Dに重大な傷害を負わせた（名古屋地裁判決平成14年

9月27日）。

【解説】本件では、Ｃに損害賠償金３１２０万円を支払うよう命じる判決がなされました。無灯火運転に関連して事故が発生した場合、無灯火運転は自転車運転者の過失割合が加算して認定される大きな原因となりえます。ただし、どれだけ加算されるかは、暗い場所なのに無灯火で自転車を運転して、歩行者がその自転車をよけられないような状況だったのか、それとも夜間でも明るい場所での運転で、無灯火でも歩行者がその自転車に気がつくことができるような状況だったのかなど、事故の状況によります。

【事例３】夜間のすでに暗くなった時間帯に雨まじりの天候で、Ｅが付近に照明のない場所を自転車で走行中、歩行者Ｆと衝突した（高松高裁判決昭和44年11月27日）。

【解説】本件では、Ｅが前述の状況下で無灯火運転をしたのは、自転車運転者として当然に尽くすべき重大な注意義務を怠ったものであるとされました。無灯火運転で人身事故を起こした場合、刑法２１１条１項後段の重過失致死傷罪等が問題となり、刑事訴追されることがあります。

ライトがつかない自転車に乗っているというだけではどうでしょうか。ライトがつかない自転車と聞くと、自動車を運転する人だったら「整備不良車両」という言葉がすぐに思い浮かぶでしょう。たしかに、道交法62条は道路運送車両法の基準に適合しないものを「整備不良車両」として、その運転を禁止しています。

道路運送車両法では自転車は適用対象ではないため、ライトがつかない自転車の運転自体が違法になるわけではありません。灯火義務に違反する場合に限り違法になります。

●ブレーキのきかない自転車の運転

ブレーキのついていない「ピスト」で公道を走行するのは法令違反です。ピストとは、主にトラック競技や競輪のための自転車です。ピストの構造上の大きな特徴は、ブレーキがなく、軽量で速度が出やすくなっていることです。またペダルと車輪が直接連動しているため、速度が出ると足を止めようとしても足が勝手に回る状態になります。足を止め車輪を空転させて坂道を下ることはできません。その半面、ペダルを逆に踏んで車輪を後ろ向きに回すことにより､普通の自転車ではできない後ろ向きの走行が可能です。

ピストの制動はこのペダルを逆に踏む操作によって行います。ピストの制動構造が制動装置（ブレーキ）として認められるから公道を走行してもいいだろうと考える人もいるようです。しかし、制動距離の比較実験の結果では、ピストはブレーキを備えた自転車に比べて、停止するまでにかなりの距離がかかることがわかっています。ピストでの公道走行は法規制に違反する大変危険な行為です。

制動装置不良自転車での公道走行は、悲惨な事故の原因にもなっています。

２０１１年2月には、東京都内で、30代の男性会社員が運転するブレーキ不備のピストと歩行中の当時69歳の女性とが正面衝突し、約１週間後に死亡する事故が発生しました。この事故を機に、ブレーキ不備の自転車に対する取締りが強化されました。

２０１３年の道交法改正で、警察官によるブレーキ不備の自転車に対する検査・応急措置・運転禁止の命令、それらに違反した場合の罰則が新設されました。

現在、ピスト運転者に対しては、処分を伴わない指導警告ではなく、直ちに交通切符（赤色）を適用した検挙措置が講じられています。交通切符（赤色）を交付されると、後日検察官等の取調べを受け、裁判所から罰金等の処分を受けることになります（同法120条1項8の2・第2項。5万円以下の罰金）。

警視庁による制動装置不良の摘発件数の急増を受け、東京地方検察庁は、制動装置不良自転車についてそれまでは起訴猶予としてきたのですが、違反行為を繰り返す悪質な運転者は原則として略式起訴する方針を、2011年11月に発表しました。実際に2回の違反で悪質と判断され、略式起訴されたケースがあります。

●業務中の自転車事故の責任は誰が負うか

自転車で事故を起こし相手に死亡・傷害が発生した場合、救護をせずに立ち去って180日の自動車免許停止処分を受けた例があるほか、被害や加害行為の悪質さの程度が大きければ、重過失致死傷罪（刑法209条・210条）に処せられ、9000万円を超える損害賠償の支払いを命じられることがあります。

自転車には自動車損害賠償保障法が適用されず、自賠責保険制度がありません。任意で加入する保険も自転車保険がやっと話題になりはじめた程度で、個人賠償責任保険や賠償責任危険補償特約付傷害保険もまだ十分に普及しているとはいえません。

自転車加害事故では、民法７０９条（不法行為責任）を根拠に賠償責任が生じるので、基本的には加害者本人が責任の主体となりますが、その賠償資力の不足が懸念される場合が多いため、民法７１４条（親権者の責任）や７１５条（使用者責任）を根拠に、責任を本人以外の者にも認めさせようとするケースがよく見られます。

使用者責任が成立するためには、①被用者（加害運転者）に一般不法行為が成立していること、②使用者と被用者との間に使用関係があること、および③事業の執行につき不法行為がなされたこと、これら３つの要件がすべて必要となります。

②の使用関係は、雇用関係のほかに委任関係や請負関係も含み、無償や臨時であっても、直接的または間接的な指揮命令監督関係がある場合には認められます。

③について、判例は「事業の執行について」を勤務時間中の行為に限定せず、たとえ

勤務時間外であったとしても、職務とみなされる行為をしているときに不法行為がなされた場合も含むと広く解釈しています。

自動車の場合では、勤務時間外の帰宅時に社用車で事故を起こした事案（最高裁判決昭和37年11月8日）、社用車を勝手に私用に持ち出して事故を起こした事案（最高裁判決昭和39年2月4日）で会社の使用者責任が認められています。

使用者の支配・監督が及んでいたかどうかも判断の基準とされます。従業員が勝手に出張のために自家用車を使用して事故を起こした事案で、「事業の執行について」に該当しないとされ、使用者責任が否定された裁判例があります（最高裁判決昭和52年9月22日）。会社所有の自転車の場合には、自転車の管理が会社の支配領域内にあるため、業務執行性が認められやすいと考えられます。

民法715条但書には、「被用者の選任及びその事業の監督について」相当の注意をしたときなどに使用者が免責される場合が規定されていますが、免責が認められた事例は多くありません。

●通勤中の事故だったらどうか

従業員による自転車加害事故が通勤中に起こった場合、被害者が勤務先企業に対して損害賠償請求を行い、勤務先企業等が使用者責任（民法７１５条）を負うかどうかが争われることがあります。

通勤中の事故は、業務中の事故と比べると、業務執行性が認められにくいと思われます。通勤で自転車を運転する行為自体は業務執行行為に当たらないからです。

加害者自身の所有する自転車で通勤途中に起こした事故について会社の責任を否定した裁判例は、通勤について「使用者が被用者に対して直接的な支配を及ぼすことが困難な場合であるから、通勤途中に交通事故を起こした場合の使用者責任については、当該自転車が日常的に被用者の業務に利用され、かつ、使用者もこれを容認助長していたような特段の事情のない限り、これを認めるのは相当でない」（広島高裁松江支部判決平成14年10月30日、松江地裁判決平成14年5月16日）としています。

自動車通勤中の事故についてはすでに多数の裁判例があります。それらの裁判例も、前記裁判例と同様、業務執行行為を原則として否定して自動車を通勤に使っていただけでは、勤務先企業等の責任は認めない傾向がみられます。

しかし、自動車通勤中の事故について、通勤は業務に従事するための前提となる準備行為であるから、業務と密接に関連するものといえるので、原則として業務執行性を認めるとし、通勤手当の支給を会社の積極的な容認と評価して、使用者責任を認めた裁判例もあります（福岡地裁飯塚支部判決平成10年8月5日）。

近年では、自転車による歩行者に対する重大事故が相次いで発生し、無謀な自転車運転者に対する社会的非難が高まっており、企業の管理・監督責任を求める動きがあります。自転車通勤中の事故についても通勤の業務執行性が認められる可能性は高まっています。

●企業が備えておくべき社内規程例

事業用自転車による事故については、２０１３年７月から施行の「東京都自転車の安全で適正な利用の促進に関する条例」に規定されているように、保険への加入が事業者の責務と考えられています。

２０１５年3月には、兵庫県が、自転車利用者および未成年者の保護者や事業者に対し自転車損害賠償保険等への加入を義務づける全国初の条例を制定しました（保険加入義務づけの規定は２０１５年10月から施行）。ただし、罰則はありません。

従業員個人の保有する自転車による事故のリスクについても、従業員に保険への加入を義務づけることが対策として有効です。

保険加入をきちんと把握するためには、自転車通勤を許可制にして明確な許可基準を設けるのが望ましいと考えられます。許可基準の中で、交通法規遵守の誓約書や保険証書のコピーの提出を許可の条件とします。

さらに、有効期限も設けて更新の際に定期的に確認できるようにします。許可なく自転車を業務に使用しないようにし、個人所有の自転車はあくまでも通勤用としてのみ認めることを明確にしておくことも重要です。

事故のリスクを従業員に意識してもらうために、事故を起こした場合の報告義務、懲戒処分、企業等が事故により被害者への賠償責任を負い損害を被った場合には、従業員に対し賠償を請求（求償）できる旨の規程も定めておくべきです。

なお、求償（民法７１５条３項）は社内規程に定めていても認められないことがあります。判例は使用者の被用者に対する求償が制限される場合があるとしています（最高裁判決昭和51年７月８日）。したがって、この規程は従業員への注意喚起にとどまります。

また、当然と考えられる事柄であっても、啓発の意味で禁止項目の形にしてあらためて従業員に示しておくことが望ましいと考えられます。

第6章

私生活上のプライベートな行動とコンプライアンス

●メールの閲覧、チェックはどこまでできるか

従業員に顧客情報の処理を任せるに当たって企業が最も気をつかうのが、ネットを通じた大量の顧客情報流出事故です。特に処理を任せる対象がビッグデータとなりますと、流出する情報量が一昔前とは比べものにならないほど多くなり、それだけリスクは増大します。

事業者は、従業者に個人データの処理を行わせるときはその従業者を監督しなくてはなりません（個人情報保護法21条）。いまは、業務でインターネットを利用することが多くなっていますので、個人顧客情報の大量ネット流出を防止するためにも、会社が従業員のメールなどをモニタリングする必要がありそうです。

ただし、従業員のメールには、プライバシー情報が含まれていることがあります。ある調査によれば私用メールで最も多いのが、飲み会の打ち合わせとそのための連絡だそうです。

ネットワークシステムは事業者が所有していますし、従業員は雇用契約上職務専念義

務を負っていますから、私用メールは本来あってはならないはずですが、実際は仕事に当たらない飲み会の打ち合わせなどにも使われています。裁判例は、私用であったとしても、電話やメールを合理的な範囲内で使用することを認めています。

そうなりますと、従業員のプライバシーを侵害することなく、どこまで会社がメールの閲覧、モニタリングができるか、その〝線引き〟が問われなくてはなりません。

●裁判例とガイドラインの扱い

この問題を扱った裁判例として、東京地裁平成13年12月3日判決は、「職務上従業員の電子メールの私的使用を監視するような責任ある立場にない者が監視した場合、あるいは、責任ある立場にある者でも、これを監視する職務上の合理的必要性が全くないのに専ら個人的な好奇心等から監視した場合あるいは社内の管理部署その他の社内の第三者に対して監視の事実を秘匿したまま個人の恣意に基づく手段方法により監視した場合」など、社会通念上相当な範囲を逸脱した監視がなされた場合に限って、プライバシー権の侵害に当たるとしています。

従業員のプライバシーに対する配慮、信頼関係の維持の観点から、従業員に無断で不意打ち的にモニタリングを行うべきでなく、適切な目的、手段によることとし、一定の場合にモニタリングを行うことをあらかじめ従業員に告知しておくべきです。

さらに、業務目的以外の電子メール私的利用等を禁止する誓約書を提出させるなどにより、業務外の私用メールの使用が禁止されていることが周知されることとなり、メールを私的に使用する場合のプライバシー保護に対する期待も減少し、トラブルを防止することができます。

個人情報保護委員会の作成、公表している『個人情報の保護に関する法律についてのガイドライン』および『個人データの漏えい等の事案が発生した場合等の対応について』に関するQ＆Aは、「ビデオやオンライン等による監視（モニタリング）を実施する際の留意点」（Q４-６）に関し、次のように述べています。

モニタリングに関して、個人情報の取扱いに係る重要事項等を定めるときは、あらかじめ労働組合等に通知し必要に応じて協議を行うことが望ましく、また、その重要事項等を定めたときは、従業者に周知することが望ましいと考えられます。
・モニタリングの目的をあらかじめ特定した上で、社内規程等に定め、従業者に明示すること
・モニタリングの実施に関する責任者及びその権限を定めること
・あらかじめモニタリングの実施に関するルールを策定し、その内容を運用者に徹底すること
・モニタリングがあらかじめ定めたルールに従って適正に行われているか、確認を行うこと

また、厚生労働省行動指針は、「法令に定めがある場合」「犯罪その他の重要な不正行為があるとするに足りる相当の理由があると認められる場合」を除き、「使用者は、職場において、労働者に関しビデオカメラ、コンピュータ等によりモニタリングを行う場合には、労働者に対し、実施理由、実施時間帯、収集される情報内容等を事前に通知するとともに、個人情報の保護に関する権利を侵害しないよう配慮するものとする」旨示

しています。

厚生労働省行動指針は個人情報保護法施行前に策定されたものであり、同指針違反が個人情報保護法違反につながるものではありませんが、企業が労働者の個人情報を扱うに際しての留意点について幅広く言及したものであり、個人情報保護委員会の「個人情報の保護に関する法律についてのガイドライン（通則編）」とともに企業がモニタリングを行う際の参考にすべきです。

以上から、従業員に対して無断で定期的にメールのモニタリングを行うことは避けるべきであり、モニタリングを行う際には、あらかじめ労働組合等と協議をし、その結果を踏まえてモニタリングについて社内規程で定め、その内容を従業員に周知徹底すべきです。

●電子メールのもたらすリスクの大きさ

会社の電話といっても、社員の話の内容をモニタリングするのは、憲法の趣旨に反するおそれがあり、許されません。憲法21条2項で保障するのは、通信の秘密が公権力によって侵されないことですが、その趣旨を受けて電気通信事業法は検閲の禁止と職務上知ることのできた他人の秘密の厳守を定めているからです。

電子メールの場合は、電話の場合よりはずっと緩やかに、一定の条件の下で会社によるモニタリングが認められてきました。それは、電子メールがもたらす大きなリスクを適切に管理するためです。

では、どのようなリスクがあるのでしょうか。3大リスクとして、①情報の大量流出、②コンピュータ・ウイルスへの感染、および③ハッカーの侵入、が挙げられます。これらは、そのままネット社会の3大リスクといってよいほど大きなリスクで、2015年6月1日に公表された年金情報大量流出事件は、これらのリスクが一度に襲いかかったものとみられます。

民間企業であれば倒産してもおかしくないほどのリスクは、何としても避けなくてはなりません。そのため、企業は日頃から定期的に電子メールをモニタリングすると考えればよいでしょう。とはいえ、電子メールのリスク管理は社員一人ひとりの理解と協力がなければうまくいきません。

過去には、社員のコンプライアンス意識の低さが重大な情報流出を招いた事故がありました。２００３年１月、Ｆ２支援戦闘機の製造をしているメーカーの社員が、同機の改修などに関する内部資料を外部に漏らしたことが明るみに出ました。警察は日米相互防衛援助協定等に伴う秘密保護法に触れる疑いがあるとして捜査を開始しました。

関係者によると、この社員は自宅で仕事をしようと思い、職場から自分宛にメールで会社の資料を送り込んだところ、確認できませんでした。その後、社員の親しい知人が入手し、２００２年１月、この資料を入れたフロッピーディスクを持参して「変なものが送られてきた」と警察に相談に訪れ、漏えいが発覚しました。

防衛庁（当時）が警察に対し、「社外秘かもしれないが、防衛秘密には該当しない」と回答したため、捜査は打ち切られました。しかし、会社はこの事件を機に電子メールの管理ルールを定め、リスク管理を徹底することにしたそうです。

●メールで情報交換しただけでカルテルが疑われる

電子メールを使って誰でも気軽に情報交換ができるようになりました。会社で働いている人が勤務に関して情報交換をしますと、カルテルを疑われることがあります。

カルテルは、一般に競争事業者間で協定を結び、競争をしないことにして、価格を引き上げたり維持しようとし、あるいは生産量の制限などを行うことを指します。日本の独占禁止法（私的独占の禁止及び公正取引の確保に関する法律）は「不当な取引制限」として禁じています。

カルテルは、複数の事業者による共同行為ですから、事業者間でなんらかの「意思の連絡」がなくてはなりません。意思の連絡は、協定書などで明文化されている必要はありません。黙示であってもいわば暗黙の了解でもよいとされ、「証拠を残さない」ためにも明文化されないのが通常です。

この要件との関係で気をつけないといけないのが、電子メールを使った情報交換です。電子メールですと、なんとなくおしゃべり感覚で、警戒心をあまり抱くことなく、競争事業者の担当者とも取り交わされがちです。

特に学生時代の同級生がたまたまライバル企業にいたりしますと、つい情報交換くらいいいだろうと考えてしまうかもしれません。

ところが、海外では情報交換をしただけでカルテルを疑われることがあります。情報交換について厳しく独占禁止法を適用するかどうかは、規制当局によって差がありますが、最も厳しいのはＥＵ（欧州連合）かもしれません。

ＥＵではこの点について規制を強めており、将来の価格や生産数量についての一定の意図をもった情報交換はカルテルになりうるとし、これらの情報の一方的開示、公表などもカルテル規制の対象になりうるとしています。米国でも、状況次第では情報交換だけでも連邦独占禁止法のシャーマン法１条違反のカルテルとされることがあります。

コンプライアンスが米国で声高に叫ばれるようになったのは、独占禁止法分野からでした。それだけカルテルなどに対する法的制裁が会社にも社員個人にも厳しいから、ということができます。

米国では、現地法人の社員として出向していた日本人社員が、カルテルで摘発を受けて逮捕され、実刑（禁錮）に処せられるといったケースが増えています。個人としてコンプライアンス意識を高めておかないと、家族にも大変なダメージを与えかねません。

米国には、コンプライアンス・マニュアルの中で、ライバル企業に勤めている社員とは、たとえ友人であっても昼食を一緒にとったりしない旨を明記する企業があります。いうまでもなく、いつどこで誰が見ているかわからないので情報交換などを疑われかねないからです。

●電子メールは証拠として「宝の山」

民事、刑事を問わず、いまや裁判における最大の「宝の山」は、電子メールのやり取りにあるとされます。

電子メールは、インターネットの利用法として最も身近です。大人から子どもまで、また国内だけでなく外国に向けてもコミュニケーションの道具として活用されています。

総務省と東京大学が共同で２０１４年11月に、13歳から69歳の男女１５００人を対象に行った調査によると、スマートフォンや携帯電話などモバイル機器を通じたインターネットの利用が急速に伸びていることがわかりました。

平日の1日で、携帯電話などからインターネットを利用した時間は、2014年に50・5分となり、2012年の34・6分と比べて34％伸びたそうです。特にスマートフォンの普及が大きく影響していると見られます。

スマートフォンや携帯電話を、仕事用として社員に持たせる企業も増えています。社内での連絡や通達などをパソコンで作成し、スマートフォンでそれらの内容を確認するのが当たり前のようになってきました。

もちろん取引先とのコミュニケーションにも使われます。見積書や請求書を電子メールで送り、取引条件の交渉さえも電子メールのやり取りで行います。

もしそうしたコミュニケーションに、競業ライバル企業とのカルテル・談合を疑われる内容が含まれていたとします。近時は、大規模な国際カルテルに電子メールが使われることもあります。

摘発する当局からしますと、カルテル・談合の最善の〝動かぬ証拠〟は電子メールです。企業に捜索に入り、パソコン１台を押収すれば、ほぼ捜査は完了というくらい、電子メールは〝宝の山〟なのです。

捜索を受ける前に電子メールを削除しておきたいと考えるのが通常ですが、電子メールを完全に削除することはきわめて難しいのです。どこかの記録媒体に残存してしまいがちだからです。

それに、米国では民事でも将来裁判の場に証拠として出さなくてはならないかもしれないとうすうすでも知りながら廃棄や隠滅をしますと、「文書保存義務」違反で制裁を受けることになりかねません。

●電子メールは「見られている」

電子メールは、特に外国の当局側からは「見られている」と考えておかないといけません。それを痛感させた「事件」が、自由の国・米国で２０１３年に起こりました。

問題の発端は、ＣＩＡ（Central Intelligence Agency・中央情報局）元職員による内部告発でした。それによると、ＮＳＡ（National Security Agency・国家安全保障局）がテロ対策のために通信やネットの検索履歴などの膨大な情報を集めていたということです。特にＮＳＡは「ＰＲＩＳＭ（プリズム）」という情報収集プログラムを使い、米ネット企業から得た大量のネット情報を瞬時に振り分けていました。

企業が電子商取引などでインターネットを使う機会は増加しており、内容をはじめネットによる交渉のやり取りなど、かなりの部分がＮＳＡによって「見られていた」と考えておいたほうがよさそうです。日本の親会社と在米子会社間のネットによるコミュニケーションなど、企業間の情報のやり取りだけが情報収集の対象から外れていたとは到底考えられません。企業の国際取引に関する情報もＮＳＡに監視されていることを前提に対策を講じるべきでしょう。

なぜ米国政府が民間のネット企業や電話会社から情報提供を受けられるかといえば、１９７８年に制定された外国情報監視法（ＦＩＳＡ）が根拠です。この法律による監視を一層強化したのが、２００１年の同時多発テロ（９・11）を受けて制定された「愛国者法」（Patriot Act）です。

愛国者法は、正式名称である Uniting and Strengthening America by Providing Appropriate Tools Required to Intercept and Obstruct Terrorism Act of 2001（テロリズムを傍受、阻害するために求められる適切な手段を提供することによって米国を団結させ強化する２００１年法）でわかるように、テロ対策のために制定されました。

そのため、同法２０１条はテロリズムに関連して、同法２０２条はコンピュータ関連の一定の犯罪について、それぞれ通信傍受の権限を認めています。また同法２０９条は、一定の場合において、裁判所の命令なしに捜査官が電子メールやボイスメールを取得できるとしています。

ＰＲＩＳＭによるＮＳＡの情報収集はこれらの法律に基づいて、２００７年にはじまったとされています。ＣＩＡの元職員がいうように、インターネットの普及によって世界の情報の８割以上が米国を経由しています。この「一極集中状態」をさらに加速しているのが、２０００年代半ばからサービスが本格的にはじまったクラウドコンピューティングです。

ＣＩＡの元職員は、ＮＳＡが中国や香港などの世界中のコンピュータシステムに侵入しており、日本はもちろん、ヨーロッパ諸国など38の在米大使館や代表部の盗聴をしていたことも明らかにしており、国家間の摩擦を生んでいます。

NSAによるこうした大規模な諜報活動そのものは、米国法上は合法的であったとしても、プライバシーや通信の秘密を侵害するものであってはなりません。米国国内にも慎重論が根強くあります。他方、一部の社会主義国では情報統制の一環としてネットによる通信を監視されているのではないかと思われる現実もあります。

国際取引にインターネットを利用するに当たっては、規制当局や場合によっては相手方にまで情報が筒抜けになっているかもしれないとの認識をもつべきです。主に電子メールを対象にしたeディスカバリー（電子証拠開示制度）を意識したうえで、在米子会社にメールを送信することも併せて心がけるべきです。

●SNSとコンプライアンス

SNSはソーシャル・ネットワーキング・サービスの略称です。名称の示す通り、S

ＮＳは社会的な目的をもったネットワーク上で構築するサービスの総称です。身近で代表的なＳＮＳとしては、フェイスブックやツイッターなどがあります。

ＳＮＳが広く使われるようになり、ソーシャルメディア時代ともいわれます。ソーシャルメディアは、友人とのコミュニケーションや情報共有の手段として、若者の間でもかなり普及しています。

企業も社内における事業拠点間の情報格差をなくすためや広告・宣伝のために、積極的にＳＮＳを活用しはじめています。ソーシャルメディアのもつ強力な情報拡散力に着目してのことですが、総務省からは２００５年12月に「ビジネスブログ・ビジネスＳＮＳ活用事例集」まで公表されています。

ＳＮＳには大きな利用価値があることは疑う余地がないのですが、便利な半面、従業員と会社の双方にとって大きなリスクをもたらしうるものであることを、よく認識しておかないといけません。

ＳＮＳがもたらしうるリスクには、情報流出といわゆる〝炎上〟の２通りのものがあります。いずれのリスクを管理するにも、ＳＮＳを個人として利用する個々の社員のコンプライアンス意識が決め手になります。

●「炎上」事例

「炎上」は、いまやよく知られた言葉になりました。２０１３年10月に公表されたある調査結果によれば、インターネットユーザーの実に95・６％が「炎上」を知っているそうです。

ＳＮＳの普及によって、個人と企業や社会との関わり方が大きく変わりました。私生活の中で個人的に〝つぶやいた〟ことが広く関心を集めて大きな反響を呼び、ひいては企業のレピュテーションを毀損する事件がすでに何件も起こっています。

アルバイト従業員を含む社員の悪ふざけが「炎上」を招いた事例を見てみましょう。

①街の蕎麦屋で、学生のアルバイト店員が業務用の食器洗い機に足を突っ込んで寝そべり、悪ふざけをしている画像がＳＮＳに投稿されました。これを見た人から、「店の衛生管理はどうなっているのか」といった苦情の電話がひっきりなしにかかって

きて、ついには客数が激減し、店は廃業に追い込まれました。
②スーパーで、従業員がアイスクリーム保冷庫に入り、商品上に寝た写真をＳＮＳに投稿し「炎上」しました。店では、アイスクリームをすべて撤去、冷蔵ケースを消毒し、売った商品の返金に応じるなどの対応をしました。この従業員は未成年でしたが、器物損壊罪で書類送検され、通学していた学校は退学処分になりました。
③ステーキ店のアルバイト従業員が、冷蔵庫に入って撮影した写真をＳＮＳに投稿し「炎上」しました。同店は謝罪をし、同従業員を解雇しましたが、結局閉店しました。
④看護学校の学生が患者から摘出された臓器を撮影してＳＮＳに投稿しました。学校は謝罪し、学生を退学処分にしました。

ほかにも似たような不祥事例はいくつも起こっています。ほとんどがほんの軽い気持ちで悪ふざけのつもりだったのでしょうが、職を失い犯罪者にされてしまうなど、その影響は深刻です。

企業としても、「ＳＮＳ炎上事例集」を作成し、これを教材に従業員研修を行うなどして、従業員の〝意識改革〟に努めるべきでしょう。

●「炎上」の法的責任

「炎上」のきっかけをつくった社員の法的責任は、民事、刑事両面で生じえます。例えば、社内の不祥事対策会議で役員以下がうろたえている様子を写真に撮り、ＳＮＳにアップした場合で考えてみましょう。

まず、こうした社内で行われた業務の内容をＳＮＳに書き込むことは、就業規則に違反し、会社から懲戒処分を受ける可能性があります。ＳＮＳの普及に伴う「炎上」リスクなどの大きさに鑑み、ＳＮＳ利用ガイドラインを定めて社員のＳＮＳマナーの向上に努める一方で、会社の秘密・重要情報をＳＮＳで外部に漏らすなどの行為を、就業規則の懲戒事由として明記する企業も増えました。

ＳＮＳによる「炎上」は、会社の秘密・重要情報を漏らす場合にだけ起こるのではありません。むしろ、ちょっとした〝悪ふざけ〟のつもりでやったことが、食品メーカーによる衛生管理の悪さを印象づけ、ブランドイメージを大きく傷つける、というケースのほうが多いのです。

こうした行為を懲戒処分の対象行為として就業規則に書くことは難しいものです。こんなことをしたら会社の評判を傷つけたりするかもしれないと、社員自らが気づくようでなければリスクはなくなりません。

会社としてもＳＮＳマナーを向上させるよう手を打たなくてはなりません。最も有効なのは社員教育です。就業規則の改訂やＳＮＳポリシーの策定も有効ですが、ともすると社員にはしっかり読んでもらえないことがあるからです。

そこで、そうした規程類を教材代わりに使って、社内講習会を開くようにするのがよいでしょう。

なお、会社の評判を大きく落とす情報をＳＮＳで流出させた本人を、会社が業務妨害罪で刑事告発することもありえます。さらに、情報の内容次第では、その本人は役員や同僚社員の名誉を毀損したとして、民事、刑事の両面で法的責任の追及を受けるかもしれません。

●ネットのプライバシー保護

プライバシー保護と表現の自由の衝突、調整はどちらも憲法の保障する基本的人権であるだけに難しい問題です。ネット社会が到来し、あらためてこの〝古典的な〟問題が関心を集めるようになりました。

インターネットの検索会社が判断を迫られているのが、検索結果から個人情報を削除するよう本人から求められた場合の対応です。

過去の個人情報にたどり着くことのできるリンクを消してもらう、いわゆる「忘れられる権利」を認めた裁判例が出ているヨーロッパでは、米国のグーグルのように、個人からの削除要求を受け付ける検索会社もあります。日本ではヤフーが本人からの要請があった場合、その人の社会的な立場を勘案して判断するとの基準を公表しています。

いったんネットに載った情報は、その後に検索結果から消し去ったとしても、ネット上には残存します。さらにそれがＳＮＳによって広く拡散するおそれも否定できません。

第7章

知的財産権とコンプライアンス

●ネット時代の知財コンプライアンス

知的財産権は、とかく難しいものと考えられがちです。とはいえ、ネット時代にはより身近に知的財産権に関するコンプライアンスを意識しなくてはなりません。

リスク管理の視点からは、知的財産権は侵害されるリスクからどう守るかという点に主眼が置かれてきましたが、いまは、他者の知的財産権を侵害しないようにするコンプライアンスの視点を加味して知的財産権のリスク管理を考えるようになりました。

なぜなら、他者の知的財産権を侵害することに対する、例えば損害賠償責任といった代償があまりにも大きくなりかねないからです。情報の大量ネット流出によって、顧客情報、すなわち「営業秘密」だけでなく、個人顧客のプライバシー権まで侵害するならば、企業のレピュテーションまで大きく傷つけかねません。

知的財産権コンプライアンスの難しさは、遵守の対象となる知的財産権に〝つかみどころのない〟ものが多く含まれていることにあります。権利は目に見えないのが通常ですが、知的財産権は技術ノウハウを内容とするなど、権利の対象も目に見えなかったりします。

有体物の所有権の対象物、例えばこの本は目に見えます。しかし、この本は私が書いたものですから、私が著作権をもっています。ほとんど日本語の文章で法律的なものの見方や考え方を説明していますので、やはり目に見えない情報を著作権は対象にしています。

この本を書店で購入するとしますと、代金を支払って本の所有権を取得します。しかし、本は情報を収めているから価値があるわけで、購入者は白紙を束ねたものの所有権が欲しくて本を買うのではありません。その意味では著作権の対象である情報を買い入れることになるのですが、著作権を買うわけではないのです。

●本をコピーすれば著作権侵害になりうる

例えばこの本を丸ごとコピーして綴じ、通常の定価よりは安く売り出すとします。売れるかどうかは別として、著作権侵害で逮捕されてもおかしくありません。著作権法では、「著作者は、その著作物を複製する権利を専有する」とし（同法21条）、こうした内容の著作権を侵害した者は「十年以下の懲役若しくは千万円以下の罰金に処し、又はこれを併科する」（同法119条1項）としているからです。

著作権侵害が成立するためには売り出すことは要件になってはいません。まして「安く」売ることも要件ではありません。

では、よくやるように図書館で借りてきた本をコピーして仕事で使うのはどうでしょうか。コンプライアンス上の判断としては、かなり微妙になります。

というのは、著作権法が認める「私的使用のための複製」（同法30条）の例外に当たるかどうかの解釈問題になるからです。同条には「個人的に又は家庭内その他これに準ずる限られた範囲内において使用することを目的とするときは」と書いてあり、職場であっても個人的に使うだけなら許されるとも考えられそうです。

著作物の「私的使用」の典型例は、ラジオから流れてくる音楽を録音し、イヤホンで通勤途中繰り返し聞くといった場合です。これですとほとんどの人がやったことがあるはずで、法律違反のおそれはありません。

同様に図書館の本の一部をコピーして家庭内で使うだけでしたら、特に問題はありません。

●職場における著作物の複製は許されるか

企業で著作物を複製するのは、家庭内でもありませんし、個人的な使用ともいえませんから、まず著作権侵害になると考えておくべきです。まったく1人で、しかも個人の費用でコピーした資料を会社で仕事に使っているだけでしたら許されるかもしれませんが、いわば組織ぐるみで、例えば数十人の部員全員に本のコピーを配り、仕事で使うようなことはアウトです。

この点が著作権法の解釈上問題とされた裁判例があります。東京地方裁判所昭和52年7月22日判決事件は「舞台装置設計図事件」と呼ばれ、「企業その他の団体において、内部的に業務上利用するために著作物を複製する行為は、その目的が個人的な使用にあるとはいえず、かつ、家庭内に準ずる限られた範囲内における使用にあるとはいえないから著作権法30条所定の私的使用には該当しないと解するのが相当である」旨述べています。

●図書館でのコピーには特別の規定が適用になる

日本の著作権法は、著作権者に無断で著作物を二次利用できる場合を限定的に列挙しています。私的使用のための複製（同法30条）、図書館等における複製等（同法31条）、引用（同法32条）、教科用図書等への掲載（同法33条）、その他です。

図書館から本を借り出して自宅近くのコンビニで一部分をコピーし、個人で利用するなら30条の適用を受けられます。図書館は本や資料を、主として貸出しや閲覧による利用に供してきたのですが、それだけでは利用者のニーズに応えられなくなったため、「図書館等」として複写サービスを行うことを一定の条件の下で認めることにしたものです。

同法31条1号は、「図書館等の利用者の求めに応じ」「その調査研究の用に供するために」「公表された著作物の一部分」「複製物を1人につき1部」といった条件を明記しています。

著作権侵害で訴えられたりしないためには、こうした著作権法の細かい規定まで知っておかないといけません。

●フェアユース規定の導入

日本の著作権法とは対照的に米国の著作権法は、「公正利用（フェアユース）なら著作権者の許可不要」とする包括的規定を置いています。違いが生じるのは、インターネットの検索エンジンで、検索作業の前提としてデータベースへ著作物の複製をする際に著作権者の承諾が必要になるかどうかです。

米国著作権法の規定は、判例がつくり上げたフェアユースの法理を明文化したものです。同法も日本法のように権利制限の具体的な規定を置いてはいますが、それらは包括的なフェアユースの規定の例示的列挙と考えられています。フェアユースの規定はあくまで抽象的な判断要素を示すだけで、何が公正利用になるかを定めておらず、判断要素は、著作物の①使用目的、②使用量、③創造性、および④権利者の被害の程度です。

包括的規定の判断要素をもとにして具体的な行為がフェアユースになるかどうかを判断するのは、最終的には裁判官です。日本では、著作権法30条以下は限定列挙であって、フェアユースのような包括的な権利制限は解釈論として認められないとするのが判例です。

日本の現行著作権法および判例では、最近のデジタル・ネット時代における新技術や利用形態に対応し切れないおそれがあります。特に、インターネットの検索エンジンは、インターネット上の著作物を自動プログラムにより随時サーバーに収集・複製、解析したうえで、ユーザーの要求に応じて必要部分を取り出しインターネットで送信するものですから、著作権法違反となってしまいます。日本で検索エンジンのビジネスが育たない最大の理由はここにあるとされます。

●ソフトウェア著作権の取引

例えば、家電量販店でウィンドウズのOSソフトを買い、自分のパソコンで使うとします。この場合、書籍と同じでディスクのような記録媒体の所有権は取得しますが、物理的なディスクのみの価値はいくらでもありません。何万円も支払って入手しようとするのは、そこに含まれている情報であるはずです。

ではウィンドウズの著作権を買い取ったのかというと、そんなことはありません。著作権者がもし譲り渡してくれることになったとしても、対価はとてつもなく高い金額になるはずで、とても個人では支払えそうにありません。

では家電量販店で数万円を支払って何を〝買う〟のかというと、その基本ソフトをパソコンなどにインストールして使うことのできる地位を手に入れることになります。数万円の対価は、知的財産権の使用許諾料（ロイヤリティー）としてであって、契約は権利実施を許諾するためのライセンス契約です。

ソフトウェア会社とライセンス契約を締結した覚えはないといわれるかもしれません

が、「シュリンクラップ契約」、あるいは「ボックストップ・ライセンス」といわれる方式でちゃんと契約を取り交わしているのです。

よくあるのは、ビニールなどで収縮包装（シュリンクラップ）されたボックスの中からディスクを取り出しパソコンに装着しますと、その瞬間に箱に書いてある契約条件に同意しライセンス契約の申込みをしたとみなされ、これに対する権利者の承諾の意思表示は省略するとの契約締結プロセスです。

この手続き自体が契約条件として書かれていたり、「契約条件をよく読んだうえで申込みをします」との文言が印刷されたはがきが同封されていて、これに署名して送付する方法もあります。

この場合、別に「使用許諾契約書」が同封されることも多いのですが、同契約書には1つのパッケージについて1台のパソコンでのみソフトウェアを使用できると定めるのが通常です。職場でつい犯しがちなのが、1つのソフトを複数のパソコンにインストールしてしまう著作権侵害行為です。

●ソフトウェアの複製は容易で、質の低下もなく大量につくられる

デジタル化した情報は、記憶媒体に大容量で収めることができますし、そのままコピーをすることも、世界中の何億の人が見ることのできる状態にすることも、ほとんどボタン操作1つでできてしまいます。

しかも複製をしても質が劣化することはありません。紙に書かれた情報のコピーは何回か繰り返すうちに文字がつぶれて見えなくなってしまいますが、デジタル情報のコピーにはそうしたことがないのです。

そのため、職場でもついソフトの違法コピーをいくつもつくり、仕事で使うことをしがちです。しかしこれは明らかな著作権侵害行為で、悪質な場合は刑事罰の対象にもなりかねません。過去何年間分ものライセンス料相当の損害賠償をさせられる民事責任とは、もちろん別にです。

コンプライアンス経営を標榜する会社であれば、もちろんこうした違法行為を放置しておくことは許されません。ただ仕事のなかでそうした「違法ソフト」を使うのは個々

の社員なわけですから、「コンプライアンス上問題があるから即時に使用を中止しましょう」と通報するくらい〝骨のある〟社員がいたほうが結局は企業のためになります。

とはいえ、なかば組織ぐるみでやっていることに〝抵抗〟し、上司ににらまれるのは困ると考える人がいてもおかしくはありません。ヘルプラインはその種の通報のためにあるのですが、広義で執行側に属します。そのなかで悪くすれば通報がたらい回しにされたあげくに、もみ消されてしまうおそれがないとはいえません。

そこで、2015年5月1日から施行になった改正会社法令は、監査役に従業員からの通報が迅速かつ的確に届くようにする体制を要求しています。すなわち、改正法は改正施行規則を含め監査体制の拡充を図ることにしています。内部統制システム強化の一環として、情報収集面でサポートする監査役への通報ルート整備を、同システムの基本方針の取締役（会）による決定（議）内容にすることを求めているのです。

改正法令も監査役へのホットラインを設置することまでは求めていません。監査役は執行側からの独立を保ちつつ、会社法の下で「取締役の職務執行を監査する」職責を負います。執行側の法令や定款違反を認めれば、監査報告書にも書かなくてはならない立場にあるわけで、通報が監査役の元に速やかに届くようにする体制の構築には大きな意味があります。

●技術情報の流出リスク

２０１５年2月、大手自動車メーカーのモーターショーに関する営業秘密を不正に取得したとして、神奈川県警が不正競争防止法違反（営業秘密の領得）の疑いで元社員を逮捕したと報じられました。

同県警によりますと、この元社員は在職中の２０１３年8月頃から２０１４年2月にかけて、約1万8千件の情報を抜き出して取得したそうです。内容は、モーターショーでの車の配置や照明の当て方などに関するデータで、計8件を自己のハードディスクに複製したものです。

同容疑者は、逮捕当時中国の自動車メーカーに派遣社員として勤務していたことから、中国のメーカーに流出したのではないかが疑われました。

この事件で誰もが疑問に感じるのは、なぜ自動車メーカーを辞めた後もその営業秘密を保有していられたかです。理由は退職時の「機密情報・データ返還義務」違反があったからですが、デジタル時代にあってこの返還義務はあまり守られていません。

多くの企業で、退職する社員から「退職時誓約書」を提出してもらうようにしています。そこには、「在職中に知った会社の秘密情報については第三者に漏らしたりはしません」などと書くだけでなく、「在職中会社から与えられまたは預かった秘密情報を含んだ、資料・データ類あるいはそのコピー一切は退職時までに返却いたしました」と書きます。

いまは大量の情報もデジタル化し小さな媒体に保存しておくことは可能です。退職してからもこのデータを保有し続けていたりするのですが、何かの機会にそれが特にライバル企業にとっては大変価値のある情報であるとわかりますと、「売ってお金にしよう」といった誘惑にかられないとはいい切れません。

会社としても、「返却」が完全になされたかどうかを、退職者のパソコンまで強制的に調査して確かめるわけにもいかず、結局は、社員の日頃からのモラルやコンプライアンス意識に委ねるしかないのです。

さらにやっかいなのが、頭の中に蓄えられたノウハウです。それは取り出して置いていけともいえず、〝返却不能〟だからです。

●退職時の情報流出防止策

頭の中に入った情報を含め、役員や従業員が技術情報をもったまま退職することがもたらすリスクをどう管理したらよいかを考えてみましょう。

2015年3月、電機メーカーT社から技術情報が流出し、韓国企業が不正に入手するという事件が起きました。この事件では、T社の業務提携先である米半導体大手のS社の元従業員（技術者）が、在職中にT社の開発施設から、スマートフォンなどに使われる記憶媒体「NAND型フラッシュメモリー」に関する最先端技術の研究データを入手し、転職先の韓国の会社に渡したとされたものです。警視庁は、3月13日、T社による刑事告発を受け、この元技術者を不正競争防止法違反（営業秘密）の疑いで逮捕しました。

この種のグローバルな技術情報流出事件としては、２００７年３月、自動車部品の会社から、中国人技術者が設計図面など約13万件を持ち出したとして、愛知県警が横領罪の容疑で逮捕したことがありました。しかし、刑事事件としての立件は見送られた経緯があります。その理由は、当時、不正競争防止法にも刑事罰は設けられていたのですが、同法の下での営業秘密侵害罪を適用するためには第三者への開示なども立証する必要があったためです。

２０１２年３月には、工作機械メーカーで技術情報を含んだ設計図面などのデータを中国国籍の社員が大量にダウンロードし、自宅で保管していた事実が発覚し、愛知県警が不正競争防止法違反容疑で逮捕した事件がありました。

同様に、２０１２年６月には、川崎市のプレス機械メーカーから設計図データを中国企業に流出させたとして神奈川県警が元社員２人を不正競争防止法違反容疑で逮捕し、裁判の結果、２人は有罪判決を受けました。いずれも、２００９年の同法の改正で要件が緩和され、情報を不正に「取得」しただけで不正競争防止法違反による刑事罰が適用できるようになったことによるものです。

このような事故が多発するいまは、企業はこうした技術情報の流出が発生しないように日頃から予防策を講じておかなければなりません。特に中小企業の場合、どのような点に注意しなくてはならないのでしょうか。

●「営業秘密」として法的に保護されるように「管理」すること

企業が事業を行ううえで必要となる顧客情報や技術情報は、不正競争防止法の「営業秘密」として保護が与えられています。その保護の手法は、権利侵害行為の差止請求などですが、ただ何もしていなくても保護されるわけではありません。同法の定める次の3要件を満たしてはじめて保護の対象となるのです。

①秘密として管理されていること（秘密管理性）
②事業活動に有用な技術上・営業上の情報であること（有用性）
③公然と知られていないこと（非公知性）

これらの要件のうち、企業による対応が最も求められるのが、①の「秘密管理性」です。②、③については、有用性がなく、あるいは広く知られるようになった情報が盗難などの侵害行為の対象になることは考えにくく、それほど問題にはなりません。

過去には、どこまでどのような管理をすれば「秘密管理性」の要件を満たしたといえるのかが争点となった事例が多くあります。秘密として管理されているかどうかは、ケースごとに具体的な状況に応じて判断されますが、裁判例をもとにまとめると、①情報にアクセスした者がその情報が営業秘密であることを認識できること、および②その情報にアクセスできる者が限定されていることの2条件は必要と考えられます。

①については、当該情報に「部外秘」「持ち出し厳禁」「マル秘」などの押印・表示がされている、情報はロッカーに施錠されたうえで保管されている、またはパソコン上でもパスワードで保護されている、保管されているものは営業秘密であることを社員研修等で徹底指導されている、秘密保持契約が締結され、その契約内容に当該情報が営業秘密であると明確に定められている場合などがあります。

②については、一定の地位にある従業員ないし役員しかアクセスすることが許されて

おらず、その情報にアクセスするには特定の地位にある従業員ないし役員の承諾を要し、アクセスした者にはこれを権限外で使用・開示してはならない義務が課されている場合などがそれに当たります。

実際の裁判においては、秘密管理性の有無の認定はかなり厳格に判断される傾向がありますが、中小企業の場合、会社の規模が比較的小さいので、経営幹部や管理者が、どの情報が自社の営業秘密であるかについて共通の認識をもちやすく、従業員に対しても共通認識を浸透させやすいと思われます。

保護要件を満たす営業秘密の侵害行為に対しては、不正競争防止法の下で侵害行為の停止・差止を求めることが可能であり、併せて損害賠償などを請求することができます。同法は大きく分けると、不正取得行為および不正開示行為の２つを、営業秘密侵害行為としています。

●退職従業員から誓約書をとること

T社の事件に見られるように、いま企業が技術情報の防衛のために最も警戒しなくてはならないのが、この退職従業員であることは、経済産業省のアンケート調査などからもはっきりしています。ただ、スピンアウトした役員や従業員の退職後の行動をフォローすることは容易ではありません。不正競争防止法の下での製造販売行為などの差止請求を情報取得者に対して行うことができれば効果的ですが、残念ながら要件が厳しく多くを期待できません。

現実的には役職員が退職するときに、競業避止《きょうぎょうひし》義務と秘密保持義務を内容とする誓約書を差し入れさせるという方法をとることがよいと思われます。しかし誓約書の内容面で特に問題となることが多いのは、競業避止義務に関するものです。

競業避止義務は、元従業員などが競合他社に転職したり特定の業務に従事するのを禁止することによって、競合他社が技術情報を利用することを防ごうとするものです。競業避止義務は、秘密保持義務に比べて、退職者の基本的人権である職業選択の自由・転職の自由をより直接的に制約するおそれがあるため、有効性はより厳格に判断されることになります。

過去の裁判例によると、たとえ労使間において明確な合意があったとしても、競業避止義務を課す必要性、合理性がなければならないとされています。この点に関連して経済産業省が2016年2月に出した「秘密情報の保護ハンドブック～企業価値向上に向けて」には、「競業避止義務契約が有効であると判断される基準」について紹介しており、参考になります。

同指針は、契約の有効性判断のポイントとして、①守るべき利益の存在、②従業員の地位、③地域的な限定があるか、④競業避止義務の存続期間、⑤禁止される競業行為の範囲について必要な制限が掛けられているか、および⑥代償措置が講じられてるかを挙げ、それぞれについて説明を加えています。重要なのは、有効性はこれらの要素を総合して判断されるという点ですが、同指針の説明を参考に、各要素について中小企業として特に注意すべき点を考えてみます。

要素①の「守るべき利益」は、その企業にとって固有の技術情報でなければならないとされていますが、専ら中小企業の場合、比較的限られた分野でのユニークな製造ノウハウなどをもとに事業展開していることが多く、具体的に説明を求められた場合でも明確に回答ができるものと思われます。

要素②の「従業員の地位」については、従業員のすべて、あるいは特定の職位にある者すべてを包括的に対象としている場合は合理性が認められにくいとされています。中小企業の場合、限られた事業を比較的少数の〝職人的な技術者〟が支えていることがよくあり、技術者ごとに具体的な「地位」を記載することで対応が可能と思われます。

要素③の「地域的な限定の有無」については、「職業選択の自由を阻害するような広範な地理的制限は否定的な判断となる可能性が高い」とされていますが、中小企業の場合、比較的狭いビジネスエリアで活動していることが多く、例えば「東京都および神奈川県内に限り…」と規定していれば有効と判断される可能性は高まると考えられます。

要素④の「競業禁止期間」については、指針には「1年」以内であれば有効とする裁判例が多い一方で、「2年」となると否定的に捉える裁判例が見られます。特に禁止期間が合理的かどうかは他の要素との兼ね合いで決まる傾向があり、中小企業の場合、前記①〜③の要素においてかなり「加点」が期待できるので、「２年」を超えても有効となる可能性もあり、中には「５年」を有効とした裁判例もあります。

要素⑤の「禁止される競業行為の範囲」については、指針ではそれぞれの業界事情にもよりますが、競合他社への転職を一般的、抽象的に禁止するだけでは合理性が認められないことが多い一方で、業務内容や職種等を限定した規定については肯定的に捉えられる傾向にあります。この点、中小企業の場合、要素①、②について述べた点とも関係し、退職技術者の業務内容や職種などを具体的に限定することは難しくないと思われます。

要素⑥の「代償措置の有無」については、指針では代償措置と呼べるものが何もない場合には有効性が否定されることが多くありますが、必ずしも競業避止義務の対価であることが明確でなくても、代償措置と呼べるものがあれば肯定的に評価されます。例えば中小企業の場合、財政的に余裕が乏しいなか、エース的な少数の技術者に他の社員よりも数万円高い給与を毎月払い続けていた、といったことです。

退職者から技術情報が流出するリスクは非常に大きいので、なんとかこれを阻止したいと考えるのは当然のことです。企業の退職者には転職の自由があるため、転職自体を阻止することはできませんが、適切な内容の誓約書を退職時に差し入れさせることで、合理的な範囲で競業避止を義務づけ、結果、情報流出を最小限にとどめることは可能です。

●外部委託先からの情報流出リスク

請負、業務委託あるいは派遣などの外部委託は、アウトソーシングとも呼ばれ、業務の効率化、コスト低減の決め手とされ、多くの企業で利用されています。外部委託が特に多いのは、自社で専門的な知識やノウハウが不足している分野であり、ＩＴ関連の分野はその代表的なものです。

例えば、自社のウェブサイトに集めた大量の顧客情報の処理をＩＴ専門業者に外部委託する、あるいはウェブサイトそのものの管理まで任せるといったケースです。こうした情報処理などを外部委託する場合、最も気をつけなくてはならないのが、委託先から情報がインターネット上に大量に流出することです。

日本で起こった大きな情報流出事故の多くは外部委託が原因でした。第3章で取り上げたB社による約3500万人分の顧客情報流出事件は、再委託先の派遣社員による顧客情報の持ち出しが原因でした。

また、発生当時はそれまでの最大規模（863万7000件余り）とされた個人情報流出事故を起こしたD印刷のケースも、業務委託先の元社員による不正持ち出しによるものでした。D印刷が2007年2月に公表したところによると、同社がダイレクトメール（DM）などの印刷物作成のために得意先（43社）から預かった個人情報が流出したとのことでした。情報を持ち出したのはD印刷の業務委託先で、主に販促用のDMを取り扱い、D印刷の電算処理室内でも勤務していたことがある者でした。勤務時にデータを不正に記憶媒体に書き出し、密かに持ち出したとのことです。

第3章に紹介したU市の住民情報流出事故の場合も、住民基本台帳の個人データを用いた乳幼児健診システムの開発を民間業者に委託したところ、再々委託先のアルバイト従業員が住民21万人分のデータをコピーして名簿業者に売却したというものでした。

●外部委託先からの情報流出事故の責任

流出事故の原因を直接つくった元社員などの個人は、いわば情報の窃盗・横領を行ったようなもので、不正競争防止法の顧客情報＝営業秘密の不正取得罪に問われ、刑事罰を科されるおそれがあります。同罪の成立要件についてはすでに説明しました。

では、委託元や委託先（再委託先、再々委託先）の会社は、被害者に対する賠償責任を負うのでしょうか。個人情報保護法の22条は、個人データの取扱いを委託する委託元の「委託先に対する監督責任」を規定しています。個人以外の顧客情報であったとしても、一般不法行為（民法７０９条）の枠組みのなかで委託者の監督に過失が認められることはありえます。

再々委託先から情報が流出した場合、再委託先である会社の責任はどうでしょうか。再委託先と再々委託先とでは、委託者と受託者の関係となります。したがって第一次的な委託者と同様、受託者に対する監督責任違反を問われる立場です。

それでは再々委託先の会社の責任はどうでしょうか。従業員が情報にアクセスできるようにしてその処理を委ねるわけですから、パート従業員であったとしてもこれも対象に監督すべき義務を負います。退職者が情報へのアクセス権を、会社を辞めた後ももち続けていて乱用した場合も同様です。

つまり、データ処理などを外部に委託する場合、委託する側および受託する側の双方に流出事故の責任を追及されるリスクがあることになります。

●外部委託先からの情報流出リスク対応策

これらのリスクに対応するための基本は契約管理となります。ちなみに、廃止された経済産業省の個人情報保護のガイドラインは「個人データの取扱いを委託する場合に契約に盛り込むことが望まれる事項」として、次のことを挙げていました。

●委託元及び委託先の責任の明確化

●個人データの安全管理に関する事項

・個人データの漏えい防止、盗用禁止に関する事項

・委託契約範囲外の加工、利用の禁止
・委託契約範囲外の複写、複製の禁止
・委託契約期間
・委託契約終了後の個人データの返還・消去・廃棄に関する事項
●再委託に関する事項
・再委託を行うに当たっての委託元への文書による事前報告又は承認
●個人データの取扱状況に関する委託元への報告の内容及び頻度
●契約内容が遵守されていることの確認（例えば、情報セキュリティ監査なども含まれる。）
●契約内容が遵守されなかった場合の措置
●セキュリティ事件・事故が発生した場合の報告・連絡に関する事項

委託先、再委託先からの情報流出事故には、ここに掲げられた契約事項がしっかりと規定されていなかった、あるいは規定はあっても守られてはいなかったとみられるケースが多々あります。

大企業が、例えば給与計算などの業務を社外のＩＴ専門業者に委託し、そのＩＴ専門業者が給与計算の部分のみを派遣社員に行わせるとします。一般的にいって、第一次的な「業務委託の契約」と「委託先業者と派遣会社との派遣契約」の2種類の契約が結ばれるわけですが、第一次、第二次と順を追って〝先に行くほど〟、契約内容は薄まっていくのが通例です。

特にアウトソーシングの〝先端〟では、パートや派遣の従業員が実際の作業に従事することが多くなりがちです。その場合、委託先の個々の情報処理従業者との間でも秘密保持契約の締結を考えておくべきです。

ここでいう秘密保持契約は、委託元と委託先で締結される企業間での委託契約に含まれるのとは別のものとなります。というのは、委託先企業とその従業者個人との契約のことだからです。企業間で委託契約を取り交わす場合、委託先は、データ処理業務に携わる各従業者と取り交わしている秘密保持契約を「書式見本」として添付することもあります。ただ、その場合、従業者から会社に差し入れる誓約書の形式をとることがほとんどです。

誓約書も差し入れ方式の契約なので、通常の秘密保持契約の内容と検討ポイントは同じです。企業として従業者個人による情報の持ち出しなどをいかに防止すべきか、という点について考えてみましょう。

第一に、秘密保持すべき情報の特定です。特にデータ処理を受託した専門業者が従業者に対して業務を行うのに必要な範囲でアクセスさせる情報は、具体的に限定できるのが一般的です。秘密保持義務は、対象が漠然とし過ぎてしまうと、どうしても拘束力が弱くなってしまいますから、なるべく対象を特定することが必要です。

第二に、秘密情報にアクセスできる期間も「○○システムの開発プロジェクトが終了するまで」のように、なるべく限定すべきです。必ず確認しなければならないのは、そのプロジェクトなどが終了した後、関連の秘密情報にアクセスできないようになっているかということです。退職後もアクセス権を持ち続け、それを乱用して流出事故を起こす事件は跡を絶たないからです。秘密保持期間が終了したら、預かったデータや書類は直ちに返却し、アクセス権限も消滅するようにすべきです。

第三に、情報処理の作業場所（○○開発室など）を限定し、そこからデータを持ち出すことを禁じることです。個人用パソコンの持ち込みも禁じ、外部のシステムにデータを送る場合についても、メール内容をモニタリングするなどして、違法な持ち出しがないようチェックできるようにします。メール内容のモニタリングチェックにあらかじめ同意する旨の誓約書を取ることも必要です。

さらに、作業場所から出入りする際には「持ち物検査」を義務づけるのがよいでしょう。ただし、これはプライバシー権の侵害のおそれがありますので、あらかじめ同意を取り付けておくことが必要です。持ち物検査は、大容量の情報をポケットに入る小さなチップ状の小片で持ち出すことを防止するための、やむを得ない措置といえます。

こうした管理体制のどこまでをどう行うかは、従業者に扱わせる情報の重要性によることはいうまでもありません。

●「ストリートビュー」がプライバシー権を侵害しているかが争われた例

Aさんは、居住するアパートのベランダに干していた下着を含む洗濯物の撮影・公表が、不法行為に該当するなどと主張し、インターネット上で「ストリートビュー」サービスを提供しているB社（米法人グーグル・インクの子会社）に対し、民法709条の不法行為による損害賠償などの支払いを求めて訴えを提起しました。B社は、撮影行為自体はプライバシー権の侵害には当たらず、公表行為は公道上から目視できる程度でなされたものであって不法行為には当たらないこと、さらに公表行為を行ったのはB社ではなく、米国親会社であることを主張して争いました。

福岡高裁平成24年7月13日判決（判例時報2234号44頁）は、大略、次のように述べて、Aさんの控訴を棄却しました。少し長くなりますが、判決の核心部分を引用します。

「本件画像は、本件居室やベランダの様子を特段に撮影対象としたものではなく、公道から周囲全体を撮影した際に画像に写り込んだものであるところ、本件居室のベランダは公道から奥にあり、画像全体に占めるベランダの画像の割合は小さく、そこに掛けられている物については判然としないのであるから、一般人を基準とした場合には、この画像を撮影されたことにより私生活の平穏が侵害されたとは認められないといわざるを得ない。一般に公道において写真・画像を撮影する際には、周囲の様々な物が写ってしまうため、私的事項が写真・画像に写り込むことも十分あり得るところであるが、そのことも一定程度は社会的に容認されていると解される。本件の場合は、ベランダに掛けられている物が具体的に何であるのか判然としないのであるから、たとえこれが下着であったとしても、上記の事情に照らせば、本件に関しては被撮影者の受忍限度の範囲内であるといわなければならない。

撮影された本件画像の公表行為の違法性については、その物を公表されない法的利益とこれを公表する理由とを比較衡量して判断すべきところ（最高裁平成15年3月14日第二小法廷判決・民集57巻3号229頁参照）、本件画像においてはベランダに掛けられた物が何であるのか判然としないのであり、本件画像に不当に注意を向けさせるような方法で公表されたものではなく、公表された本件画像からは、控訴人のプライバシーとしての権利又は法的に保護すべき利益の侵害があったとは認められない。

したがって、その他の事情を検討するまでもなく、本件公表行為についても不法行為は成立しない。」

●芸能人のパブリシティ権

ＳＮＳの利用が招いた「炎上」には、高級ホテルのレストランでプロスポーツ選手とある芸能人が食事をしている写真を、ホテルの従業員がツイッターに投稿したという事例があります。

私たち一般人は誰でも、肖像権をプライバシー権の一種としてもっています。承諾なく容貌や姿態を写真や画像に撮影されないとの「人格的利益」が肖像権であるといってもよいでしょう。肖像権を違法に侵害すれば、不法行為となり損害賠償責任が生じます。

それでは、見てもらうのが仕事である芸能人には、肖像権の保障はあるでしょうか。映画俳優であれば映画の新作発表などのイベント会場でファンに囲まれ写真を撮られることを嫌がるはずはありません。むしろ喜んでポーズをとり被写体になってくれるでしょう。

しかし当然のことながら、芸能人にも基本的人権は保障されます。仕事を離れ自宅でくつろいでいるところを、庭の垣根越しに写真を撮られるとしたら、肖像権侵害を主張するかもしれません。

プライベートでの友人との食事についても同様のことがいえます。誰と食事をしているかを含め、写真を撮られたり知られたくないはずだからです。その場合は、見られるのが仕事の芸能人といえども、肖像権やプライバシー権の侵害を主張できるのです。

イベント会場で、ファンがデジタルカメラでタレントの姿を撮るのはかまわないといいましたが、撮った映像の使い方次第で、芸能人やタレントがもつ別の権利を侵害することになりますので注意が必要です。

例えば、営業担当社員が、休日にイベント会場で撮ったあるタレントの写真を、無断で自社製品の販売促進用のパンフレットに貼り付けて使うとしますと、パブリシティ権侵害になる可能性が大きいです。

パブリシティ権は、芸能人などの著名人がもつ、いわば営業権のようなものです。著名人であれば見られるのが仕事のようなものですから、仕事に関係した公の場では肖像権を放棄しているとも考えられます。

イベント会場で撮ったタレントの写真を、自分の部屋に飾って時々見ては楽しむのでしたら問題はないのですが、仕事で営業に使うとなると、話は別です。自分の容姿を見せて対価や報酬を受け取って生活しているモデルのようなタレントの場合、写真を対価、すなわち使用許諾料を支払うことなく無断で使わないでほしいという権利をもちます。

営業担当としてはどうすればよかったのでしょうか。まずは、そのタレントの所属する芸能プロダクション事務所などに連絡をし、事前に許諾を求めるべきです。許諾を受ける見返りとして、対価（使用許諾料）の支払いを求められるのが一般的です。その額はピンからキリまで幅があり、大物タレントであれば当然高くなります。

使用許諾料は低ければいいかといえば、そうともいえません。ほとんど知られていないタレントの写真を使っても宣伝効果は薄いでしょう。

●ピンク・レディー事件

パブリシティ権を最高裁判所としてはじめて認めたのが、ピンク・レディー事件判決（第一小法廷平成24年2月2日）です。

ピンク・レディーは、昭和50年代に活躍し、子どもから大人まで幅広いファン層をもっていました。特に当時、曲の振り付けをまねることが全国的に流行し、その後平成18年秋頃には、ダイエットに興味をもつ女性を中心に、同振り付けを利用したダイエット法が流行したことがありました。

平成19年に入り、これに目をつけた出版社が、「ピンク・レディー de ダイエット」と題する記事を、週刊誌に無断で載せて発行しました。

そこで、ピンク・レディーとして芸能活動をしていた2人が原告となり、出版社を被告として不法行為に基づく損害賠償請求の訴えを起こしました。

第一審の東京地方裁判所、控訴審の知的財産高等裁判所は、ともにパブリシティ権の侵害はなく、雑誌掲載行為は不法行為とはいえないとしました。

これに対し原告らから最高裁判所に上告および上告受理の申立てがなされましたが、同裁判所は、大略、次のように述べて上告を棄却しました。

（1）人の氏名、肖像等を無断で使用する行為は、①氏名、肖像等それ自体を独立して鑑賞の対象となる商品等として使用し、②商品等の差別化を図る目的で氏名、肖像等を商品等に付し、③氏名、肖像等を商品等の広告として使用するなど、専ら氏名、肖像等の有する顧客吸引力の利用を目的とするといえる場合に、当該顧客吸引力を排他的に利用する権利（いわゆるパブリシティ権）を侵害するものとして、不法行為法上違法となる。

（2）歌手を被写体とする写真を同人に無断で週刊誌の記事に使用してこれを掲載する行為は、専ら上記歌手の肖像の有する顧客吸引力の利用を目的とするものとはいえず、当該顧客吸引力を排他的に利用する権利（いわゆるパブリシティ権）を侵害するものとして不法行為法上違法であるということはできない。

（3）記事の内容は、週刊誌発行の前年秋頃に流行していた、上記歌手の曲の振り付けを利用したダイエット法を解説するとともに、子どもの頃に上記歌手の曲の振り付けをまねていたタレントの思い出等を紹介するというものである。

本件写真は、約２００頁の上記週刊誌全体の３頁の中で使用されたにすぎず、いずれも白黒写真であって、その大きさも、縦２・８㎝、横３・６㎝ないし縦８㎝、横10㎝程度のものであった。

●漫画のキャラクターにも著作権があるか

それならば、ということで、営業担当社員は漫画のキャラクターを販促用パンフレットの空白部分にさし絵的に使おうと考えました。これはどうでしょうか。

漫画も著作権の対象になります。原作者がストーリーを考えて描き上げる全部で数十巻にもなる大作もあれば、四コマ漫画や１枚風刺画のようなものでも、同様に著作物です。

では、そうした漫画に登場するキャラクターは、著作物になるでしょうか。

判例は、ポパイ漫画事件（最高裁判所判決平成９年７月17日）において登場人物が描かれた各回の漫画でそれぞれ著作物に当たるが、具体的な漫画を離れ、登場人物だけのキャラクターをもって著作物ということはできないとしました。

ただし、漫画自体は著作物なので、販促用として公衆に見せるパンフレットのさし絵に使うために漫画のキャラクターの絵をコピーする行為は著作物の「複製」に当たります。

著作物の複製は、ある著作物をもとにして、その内容および形式を覚知させるに足りるものを再製することをいいます。

コピーするのではなく営業担当部員が自分の手で漫画のキャラクターの絵を描いたり真似してつくった別のキャラクターの絵を描く場合であっても、その絵が漫画との同一性や漫画の本質的な特徴を感じさせるような場合は、著作物を複製または翻案したことになってしまいます。

複製権も翻案権も著作者が専有する権利です。なお、著作物の翻案は、ある著作物をもとに、かつ、原著作物の表現上の本質的な特徴を直接感得することができる別の著作物を創作することとされています。

●海賊版ソフトウェアを使うことも違法になる

会社では部署ごとに予算が決められており、業務で必要なソフトウェアの購入を申請しても認めてもらえないことがあります。そんなとき、ついインターネットから海賊版ソフトウェアを入手し、パソコンにインストールして使う社員が出てもおかしくありません。

こうした海賊版ソフトウェアは、著作権法に違反する違法複製物です。著作権法は違法に作成されたものであると知ってこれを販売したり、販売するために所持する行為を、著作権侵害とみなすとしています。

それだけでなく、著作権法は、海賊版ソフトウェアと承知のうえで入手したものを、業務のためにコンピュータで使う行為も著作権侵害とみなしています。

したがって、多くの社員が繰り返し海賊版ソフトウェアを入手しパソコンにインストールして使うのを会社が容認していたような場合には著作権侵害とされてしまうでしょう。

●インサイダー情報の管理

ブログに仕事上の愚痴を書いたりすることは、ブログの利用者なら誰でもやったことがあるかもしれません。しかし、つい会社内部の情報を社外に、しかもネットを通じて広く漏らしてしまい、コンプライアンス上の重大問題を引き起こすことになりかねません。

会社が他社グループに買収されるらしいとの噂とか、社長や経営トップの交代、新製品の発表などは、インサイダー情報に当たり、インサイダー取引規制の対象になりえます。この点を十分に自戒できるだけのコンプライアンス意識を高めておかないといけません。

「インサイダー」はアウトサイダーの反対語で「内部者」を意味します。インターネットが会社の仕事にも私的な生活にも使われるようになりますと、会社の「内」と「外」の区別がつけにくくなります。そこにいわば落とし穴があります。ツイッターやブログでプライベートにつぶやいたり、日記風に愚痴で漏らした会社内部の情報が広範囲に社外に漏出するおそれがあるのです。

●重要事実を伝える行為を罰する法改正

インサイダー取引は金融商品取引法(以下、「金商法」といいます)で規制されています。企業の内部情報を知りうる特別の立場にある者（いわゆるインサイダー）、またはこれらの者から情報伝達を受けた者が未公表の重要事実を知って取引を行うことを禁ずるのがその内容です。

「インサイダー」には、重要事実が生じた上場会社の役員や正社員はもちろんですが、パート、派遣社員、アルバイトなどの非正規社員に加え、その会社と契約を締結、あるいは締結の交渉をしている会社の役員や社員も含まれます。

営業を担当している社員が、上場企業である取引先の重要事実を聞きつけ、同社の株式を売ったり買ったりすれば罰則の対象になるのです。

近年増えているのは、上場会社に勤めている友人などから重要事実を聞きつけた者(第一次情報受領者）によるインサイダー取引です。

この場合、インサイダー取引を行った者は罰せられますが、重要事実を教えた友人は罰せられるでしょうか。この点につき、２０１３年の金商法改正以前は明文規定がありませんでした。

同改正は、未公表の重要事実を伝えること（情報伝達行為）、および取引を推奨すること（取引推奨行為）を禁じています。例えば、勤務先の上場企業が今決算期に史上最高益を更新する空前の好業績を上げそうだとの未公表事実を知った人が、友人に重要事実の内容は伝えず、「とにかくうちの会社の株はいまのうちに買っておいたほうがいいよ」と告げるだけでも処罰されうることになりました。法改正は個人レベルでのコンプライアンス意識の浸透を求めます。

２０１４年の金商法改正後は、役員や社員の一人ひとりがインサイダー取引規制に反することのないよう、いっそう情報管理コンプライアンスの徹底を求められます。

特に会社の経理部門や開発プロジェクトチームに属し、重要事実に接することの多い役員や社員は、個人として刑事罰を受けるリスクが他の社員などよりも大きいことを自覚しなくてはなりません。

会社内でもプロジェクトに関連した情報のやり取りに際しては、パスワードを設定したり、情報を共有する人を限定するなどの情報管理が必要になります。

多くの会社で情報管理規定などとともにインサイダー取引管理規定をつくり、会社の内部情報を外部に漏らしたりすることがないよう、情報管理体制を整備しています。

それでもインサイダー情報の外部流出が懸念されるのは、ソーシャルメディアの利用や友人・知人間の電子メールのやり取りを通じて、うっかり秘密情報が流出していくケースです。役員・社員一人ひとりのコンプライアンス意識を高めるしか、対応策はなさそうです。

●会社のレピュテーションリスクが発生するおそれが高まる

２０１４年の金商法改正は、法律違反を犯した個人に5年以下の懲役もしくは500万円以下の罰金、またはその両方を科すことができるとしています。

それだけではなく、同改正は会社など法人にも罰金などの制裁をもたらす内容になっています。すなわち、上場会社の役員や社員が業務として情報伝達行為または取引推奨行為をなし、情報受領者等が実際に売買等の取引をしたときは会社など法人に課徴金納付が命じられ、場合によっては5億円以下の罰金の支払いが命じられます。

加えて、本改正は、当局が公益または投資者保護のため必要かつ適当と認めるときは、違反行為をした者の氏名その他の事項を公表できるとしています。

こうした事項が公表されれば、新聞等の報道を通じて会社名も広く知られることとなり、会社のレピュテーションリスクが増大することになりかねません。併せて、株価下落などのダメージがありうることを覚悟すべきです。

特に本改正は、公開買付者等が、未公表の公開買付け等の事実を知り、公表前に他人に対しその公開買付け等の事実を伝達し、または同買付け等もしくは売付け等を勧めてはならない、ともしています。

株式等の公開買付けは、M&A（企業買収）に際して行われることが多く、買収の交渉をしているさなかに、社員がブログに「うちの会社の株式にTOBがかけられそうだ…」と述べたとしますと、それだけで交渉は決裂することでしょう。

おわりに

身のまわりでデジタル化が急速な勢いで進んでいます。いうまでもなく情報分野のデジタル化がもたらす大きな恩恵に浴しつつ私たちは日々暮らしています。

半面、デジタル化には不都合な点があるのも事実です。乗用車の速度表示メーターは、ひところデジタル数値だけで表示するものが多く出回りました。ただ、これだけだと、ひと目でスピードが出過ぎていないかを判断するにはわかりにくいところがあります。そのせいか、いつの間にか見かけなくなりました。昔ながらの針による表示の仕方も見直されています。

また、情報のデジタル化は、短時間で大量に流出するリスクを高めます。アナログ的に紙に書かれた顧客情報を何千万件分も一度に持ち出そうとしたら、おそらくトラックが何台も必要になるでしょう。

デジタル化情報のネット流出となると、事態は深刻です。場合によっては一瞬のうちに世界中で何億人もの人が流出情報を見ることのできる状態が生まれるからです。いったんネット上に流出し拡散した情報を回収するのは不可能に近いことといわなくてはなりません。

デジタル・ネット社会は、このような大きなメリット、デメリットを併せもっています。そこで、いわば〝掟〟ともいうべきルールを守ることが特に重要になります。〝掟〟のうちには、個人情報保護法（個人情報の保護に関する法律）やマイナンバー法（行政手続における特定の個人を識別するための番号の利用等に関する法律）などに法ルールとして盛り込まれているものがあります。それ以外にも法令化されていませんが守らなくてはならないルールが多くあります。

この種の〝掟〟やルールは、守らないとその社会からはじきだされてしまう点では、交通ルールと似ています。道路交通法違反を繰り返せば運転免許取り消しにもなりかねません。

自転車に乗るには免許は不要ですが、ルール無視で死亡事故を起こせば巨額の損害賠償責任を負うことになるおそれがあります。これを認めた裁判例もいくつか出ています。

自転車は、法律上は「軽車両」であり、自動車に準じて交通ルールを守らないといけない場面が数多くあります。

免許取り消しになるわけではないからといって軽い気持ちでルール違反を行うならば、やがて交通社会からつまはじきにされてしまうでしょう。

デジタル・ネット社会の現代、私たちはこれまで経験したことのないリスクに囲まれています。それに対応して守るべきルールが次々と生まれています。ちょうどこの本が初めて世の中に出たのとほぼ同じ頃、マイナンバーの国民への通知がはじまりました。マイナンバー法の施行を2016年1月1日に控えて、個人情報の流出、悪用を警戒する国民の関心は高まりました。

国や地方自治体、企業によるコンプライアンスを重視する気運はますます高まっています。ただ、自転車の場合もそうであるように、私たち自身のルール尊重があってはじめて他者のコンプライアンスを厳しく求められるのです。

〝マイナンバー時代〟にあって、個人情報の大量流出事故を防止する決め手になるのが個人情報保護法です。本書初版第一刷を校正中の2015年9月3日、同法とマイナンバー法をセットでそれぞれ改正する法律が国会で成立しました。個人情報保護法の改正は、マイナンバー制度をいわば土台から支える内容になっています。

マイナンバー制度が成功するかどうかは、個人情報保護法の改正にかかっているといっても過言ではありません。そのため、公布の日（２０１５年９月７日）から「２年以内」に施行すればよいとされていた改正法ですが、２０１７年５月30日に施行になりました。個人情報保護委員会発足の部分は、マイナンバー法とともに２０１６年１月から施行になりました。

本書は、私たちが、日頃気づかずに何気なく巻き込まれてしまいがちな、身近なコンプライアンスの諸問題を取り上げてみました。日頃からルールを守り、コンプライアンス意識の高い生活を送ることは、結局のところ自分を守ることにつながることを知っていただくきっかけになれば幸いです。

長谷川　俊明

長谷川俊明（はせがわ としあき）

長谷川俊明法律事務所代表。1973年早稲田大学法学部卒業、1977年4月弁護士登録（第一東京弁護士会）。1978年ワシントン大学法学修士。元法務省司法試験考査委員（商法）、国土交通省航空局総合評価委員会委員、日本コンプライアンス・オフィサー協会会長。現在、渉外弁護士として、企業法務とともに国際金融取引や国際訴訟を扱う傍ら、上場企業などの社外取締役も務める。
著書・編著書に、『「国際商事法」の事件簿』、『企業による従業員情報管理のマイナンバー対応Q&A』（経済法令研究会）、『戦略訴訟』（正・続）（東京布井出版）、『個人情報保護・管理の基本と書式』（中央経済社）、『国際法務の常識』（講談社）、『製造物責任の混乱』（訳書、保険毎日新聞社）、『紛争処理法務』（税務経理協会）、『ローダス21 最新法律英語辞典』（東京堂出版）ほか多数。

経法ビジネス新書 009

マイナンバー時代の
身近なコンプライアンス

2015年12月11日初版第1刷発行
2020年3月10日初版第2刷発行

著　　者	長谷川俊明
発 行 者	金子幸司
発 行 所	株式会社 経済法令研究会 〒162-8421　東京都新宿区市谷本村町3-21 Tel　03-3267-4811 https://www.khk.co.jp/
企画・制作	経法ビジネス出版株式会社 Tel　03-3267-4897
カバーデザイン	株式会社 キュービスト
帯デザイン	佐藤　修
印 刷 所	音羽印刷株式会社

乱丁・落丁はお取替えいたします。

ISBN978-4-7668-4807-6 C0232

経法ビジネス新書刊行にあたって

経済法令研究会は、主に金融機関に必要とされる業務知識に関する、書籍・雑誌の発刊、通信講座の開発および研修会ならびに銀行業務検定試験の全国一斉実施等を通じて、金融機関行職員の方々の業務知識向上に資するためのお手伝いをしてまいりました。

ところがその間、若者の活字離れが喧伝される中、ゆとり世代からさとり世代と称されるにいたり、価値観の多様化の名のもとに思考が停滞しているかの様相を呈する時代となりました。そこで、文字文化の息吹を絶やさないためにも、考える力を身につけて明日の夢につながる知恵を紡いでいくことが、出版人としての当社の使命と考え、経済法令研究会創業55周年を数えたのを機に、経法ビジネス新書を創刊することといたしました。読者のみなさまとともに考える道を歩んでまいりたいと存じます。

２０１４年９月

経法ビジネス出版株式会社